Köster · Job-Suche

Peter Köster

Job-Suche

Informationen, Tips und Strategien

Unter Mitarbeit von Rainer Hahn,
Karl-Ludwig Kreuzer und Lore Schultz-Wild

Cartoons von Bernd Pfarr

PSYCHOLOGIE HEUTE
Buchprogramm
verlegt bei Beltz

CIP-Kurztitelaufnahme der Deutschen Bibliothek

Köster, Peter:
Job-Suche : Informationen, Tips u. Strategien /
Peter Köster. Unter Mitarb. von Rainer Hahn ...
Cartoons von Bernd Pfarr. – Weinheim ; Basel :
Beltz, 1987.
(Psychologie heute : Ratgeber)
ISBN 3-407-85066-2

Satz: Fotosatz Czermak, 8315 Geisenhausen
Druck und buchbinderische Verarbeitung:
Druckhaus Beltz, 6944 Hemsbach
Umschlaggestaltung: Horst Bachmann, Kronberg/Ts.
Printed in Germany

ISBN 3 407 85066 2

„Ironischer Realismus“

So etwa könnte die Einstellung charakterisiert werden, die heute immer wieder jungen Leuten mit Hochschulausbildung entgegenschlägt. Also, wenn zum Beispiel ein Arbeitgeber zum Helden des untengenannten Buches sagt:

> „Sie sind zu fixiert. Sie laufen mit idealistischen Vorstellungen herum, die überholt sind. Sie wollen sich in einem Beruf verwirklichen. Die Zeiten sind vorbei. Schauen Sie, mein Schwager ist Soziologe, heute arbeitet er beim TÜV. Meinen Sie, der hat früher daran gedacht, daß er sich einmal unter alte Autos legen wird? Aber man muß flexibel sein.“

(Aus: Georg Heinzen/Uwe Koch: Von der Nutzlosigkeit erwachsen zu werden. Rowohlt Verlag, Hamburg, 1985)

Eine denkbare und wünschenswerte Antwort dieses „Kurzzeitjobbers“ könnte sein:

> „Das könnte Ihnen so passen! Sie sind zu fixiert auf das Hier und Heute, ich plane für länger als für diese Wochen. Ja, ich will mich wenigstens zum größeren Teil in meinem Beruf verwirklichen, wenn Sie dieses Wort noch verstehen können. Wenn Sie das nicht mehr können, tun Sie mir leid. Ja, ich habe studiert und sicher ein Fach, das den TÜV nicht interessiert, aber ich werde mich irgendwie in diesem Beruf betätigen. Das Unters-Auto-Legen überlasse ich Ihrem Schwager.“

Inhalt

I. Die Lage ist ernst ...

Warum Sie als Betroffene(r) dieses Buch in die Hand nehmen sollten 11

1. Kapitel: Wem guter Rat teuer ist 19
2. Kapitel: Alleine oder mit anderen? 27
3. Kapitel: Beginnen Sie selbst mit der Suche! 31

II. Die Suche beginnt

4. Kapitel: Ihr Tatendrang muß bekanntgemacht werden 45
5. Kapitel: Der Profilierungsprozeß 51
6. Kapitel: Ihr Profil muß erkennbar sein 69
7. Kapitel: Muß ich alles tun, was bei Bewerbungen verlangt wird? 75
8. Kapitel: Sich-Selbständig-Machen: Der Ausweg? ... 79
9. Kapitel: Weiterbilden bringt Vorteile 83

III. So hole ich mir die richtigen Informationen

10. Kapitel: Informationen zur Berufsfindung *(Rainer Hahn)* 95
11. Kapitel: Informationen zur Arbeitssuche *(Rainer Hahn)* Arbeitsamt – Stellenanzeigen – Firmenauswahl – Forschung – Dienstleistungen .. 99
12. Kapitel: Informationen für Existenzgründer *(Rainer Hahn)* Indirekte Quellen – Direkte Beratung – Datenbanken 113

13. Kapitel: Der Fachvermittlungsdienst der Bundesanstalt für Arbeit
(Karl-Ludwig Kreuzer)

Die Arbeitsmarktentwicklung – Wie die FVD organisiert ist – Wie Sie zu einem Arbeitsplatz kommen – Manchmal helfen nur Umschulung und Fortbildung weiter – Informieren Sie sich umfassend 121

IV. Der „alternative" Arbeitsmarkt

14. Kapitel: Arbeit in „alternativen" Projekten – Wagnis und Chance
(Lore Schultz-Wild) 143

V. Anhang

Adressen für den Alternativbereich 159

Adressen für den Weiter- und Fortbildungsbereich 162

Dokumentation 163
Literatur zum Weiterlesen und -suchen 174
Über die Autoren 176

I. Die Lage ist ernst . . .

Warum Sie als Betroffene(r) dieses Buch in die Hand nehmen sollten

Sie gehören in diesem Moment zur großen Zahl derer, die mit ihrer Arbeitssituation unzufrieden sind: sei es, weil Sie überhaupt keine Arbeit haben, sei es, weil Sie aus Ihrem derzeitigen Arbeitsbereich herauswollen und daher nach einer neuen, befriedigenderen Tätigkeit suchen.

Ich nehme an, daß Sie zu den Betroffenen gehören, die (noch) Leistungen vom Arbeitsamt (Arbeitslosengeld oder -hilfe) erhalten. Sollte dies nicht mehr der Fall sein, so haben Sie um so mehr Grund zur Unzufriedenheit.[1] In jedem Fall müssen Sie auf vieles, was Ihnen bisher selbstverständlich war, verzichten, auf so manche Reise, auf gelegentliche teure Theater- oder Konzertbesuche, auf ein Essen in einem guten Restaurant. Das ist besonders schmerzlich, wenn man sich bis dahin nicht einschränken mußte. Sie fühlen sich – in der Regel ganz zu recht – auch nicht schuldig daran, daß Sie keine Arbeit haben. Denn in vielen Fällen haben Sie eine lange Ausbildung, etwa ein Studium, hinter sich und leiten daraus einen nicht unberechtigten Anspruch auf qualitativ gehaltvolle Arbeit ab.

Es ist aber hilfreich, von vornherein mit dem nötigen Realismus an die Arbeitssuche zu gehen. Richten Sie Ihren Blick vor allem auf die Hindernisse des Weges, der Sie zu einer im großen und ganzen akzeptierten Arbeit führen soll.

Es geht uns in diesem Buch in erster Linie um praktische Hinweise, um Ratschläge und Hilfen, um Strategien, wie „Mann" oder „Frau" möglichst bald (wieder) zu einer Arbeit kommt oder eine andere, befriedigendere Arbeit findet.

Wenn wir für Realismus bei der Job-Suche plädieren, wollen wir ein Mißverständnis von vornherein vermeiden: Wir, meine Mitautoren und ich, halten die Tatsache, daß so viele jahrelang ausgebildete junge Leute nicht in ihrem Ausbildungsberuf arbeiten können, für einen großen bildungspolitischen Skandal. Wir wollen die Lage der Betroffenen nicht im geringsten verharmlosen, etwa nach dem Muster, wie dies von Zeit zu Zeit durch Informations- und Beratungsorgane der Bundesanstalt für Arbeit geschieht. So heißt es in einem Bericht über „Alternativ-Jobs" für Akademiker im UNI-Berufswahlmagazin von einer Lehrerin mit Examen und Referendarprüfung, die inzwischen Korrektorin in einer Zeitung wurde: „Wenn ich heute zurückdenke, dann erschrecke ich manchmal, wie stur und verbittert ich zunächst an meinem ursprünglichen Berufsziel festgehalten habe. Beinahe hätte *ich* mir alles verbaut. Sollte ich je wieder in die gleiche Lage kommen – es könnte ja sein, daß es mit meiner Übernahme nach dem Volontariat doch nicht klappt – würde ich schon einen Ausweg finden. Im schlimmsten Fall würde ich alles, was mir nur ein bißchen sinnvoll erscheint, tun – nur nicht wieder die Hände in den Schoß legen und abwarten. Keine ungeliebte Aufgabe kann schlimmer sein als das, glaube ich."[2]

Diese „aktivistische" Haltung stimmt nur auf den ersten Blick mit unserem hier vertretenen Standpunkt überein, sich selbst nicht treiben zu lassen. Selbstverständlich sollte das Suchen nach Alternativen nicht ausschließen, daß der beziehungsweise die Betroffene(n), auch politisch für Verbesserungen auf dem Arbeitsmarkt kämpfen. Den Standpunkt: „Besser eine unbefriedigende Arbeit als gar keine" möchten wir nicht als allgemeingültig akzeptieren oder vertreten. Es sollte jeder, der betroffen ist, nach seiner subjektiven Einschätzung – also so lange, wie er sich in der Lage fühlt durchzuhalten – um eine ihm angemessene Arbeit kämpfen. Opportunistisches Gerede und voreilige „Flexibilität" hilft nur, den Skandal zu verdrängen.

Aus diesem Grunde haben wir auch Beispiele von *aktiver (Selbst-)Hilfe* wiedergegeben, zum Beispiel von Lehrerhilfsvereinen. Wenn sie zur Nachahmung anregen, haben sie ihren Zweck erfüllt.[3]

Solidarität unter Lehrern e.V.

Wie kam es zur Gründung eines solchen Vereins?

Vor zwei Jahren wurde ein paar Teilzeitangestellten gekündigt, also z.B. Studenten, die in Zeiten großer Lehrerknappheit geholfen haben, einen Teil des Unterrichtsvolumens abzudecken. Abzusehen war, daß frühestens in zwei Monaten ein paar Neueinstellungen erfolgen würden. Kurz: es gab Schüler ohne Lehrer, gleichzeitig erstmals ausgebildete, aber arbeitslose Gymnasiallehrer in Nordrhein-Westfalen, dagegen prozessierende Eltern und eine erboste Direktorin, die einem frisch aus dem Urlaub zurückgekehrten Kollegium vorschlug, man solle doch Geld zusammenlegen und die nötigen Lehrer selbst finanzieren.

Das war doch wohl nicht ernst gemeint?

Ja und nein. Auf jeden Fall war es der temperamentvolle Auftakt ...

... zur Gründung des Vereins ...

... oh nein, sondern zu einer langen Debatte, ob Lehrer etwa in punkto Gehalt zu den Privilegierten zählen.

Und dann?

Dann bin ich im Kollegium rumgegangen mit einer Unterschriftenliste etwa folgenden Inhalts: Wer ist bereit, auf Teile des Gehalts zu verzichten, wenn dafür neue Lehrer eingestellt werden? Als es genügend waren – 7 Leute braucht man zur Gründung eines Vereins – wurde der Verein ins Leben gerufen.

Und was ist daraus geworden?

Seit Januar '83 unterrichten jetzt bei uns arbeitslose Lehrer. Die Bezahlung, derzeit etwa 400,- bis 600,- DM monatlich, übernehmen fest angestellte Lehrer dieser Schule, Lehrer anderer Schulen sowie Eltern, die ihre Beiträge und Spenden auf das Vereinskonto überweisen.

Verstehe ich das richtig – der Verein ist Arbeitgeber und die arbeitslosen Lehrer sind Angestellte? Ist das nicht ein seltsames Abhängigkeitsverhältnis unter Kollegen?

Sicher. Aber was sollen wir tun?

Ihr seid also ein Solidaritätsverein, der ein paar erwerbslosen Lehrern mit einigem organisatorischen Aufwand ein Zubrot zukommen läßt?

Ja – auf den ersten Blick wirken wir wie ein wohltätiger Verein. Aber was sollen wir tun: Aus rechtlichen Gründen können wir nicht die ausgebildeten Kollegen in den offiziellen Unterricht integrieren. Das ist an der Viktoria-Schule in Aachen – wo es dies gibt – über einen Fonds nur deshalb möglich, weil diese Schule in der Trägerschaft der evangelischen Kirche Rheinland ist.

Also was wäre euer Ziel?

Ja. Anfangs überwog einfach die Idee, durch Stunden- und anteilige Gehaltskürzungen müsse sich doch eine Beschäftigung der arbeitslosen Kollegen durchsetzen lassen. Der Verein sollte die Bereitschaft dazu verdeutlichen. Die vorerst zurückgehende Schülerzahl sollte u.a. zur Bildung kleinerer Lerngruppen beitragen. Wenn wir arbeitslose Kollegen unterstützen, dann auch deshalb, weil wir zeigen wollen, daß noch mehr Lehrer gebraucht werden.

Wollt Ihr mit eurem Projekt eine Art Vorreiter sein?

Der Gedanke „Kollegen helfen Kollegen" ist nicht von uns erfunden worden. Es gab ein Pilotprojekt in Tuttlingen (Baden-Württemberg). Dort haben Gymnasiallehrer zwei Jahre lang einen arbeitslosen Kollegen im Rahmen eines BAT-Vertrages beschäftigt. In NRW sind weitere Initiativen entstanden: So bietet ein ehemals arbeitsloser Lehrer Förderkurse in Physik, Mathematik und Informatik an. Lehrer und Eltern der Kaiserin-Augusta-Schule in Köln finanzieren den halben BAT-Vertrag über den Förderverein der Schule. Das Arbeitsamt Köln hat jetzt ABM-Mittel zugesagt. In Köln, Krefeld und Aachen sind ebenfalls unter dem Motto „Solidarität der Planstelleninhaber" gewerkschaftliche Projekte entstanden. Auch hier soll die Einrichtung pädagogischer Fördermaßnahmen der Aufdeckung von Mängeln in den Schulen dienen. Wir demonstrieren Lehrerbedarf – die Politiker müssen handeln.

Norbert Rodenbach
Vorsitzender des Vereins
„Solidarität unter Lehrern" e.V.

Dieses Buch wendet sich nicht unterschiedslos an jeden, der gerade ohne Arbeit ist, seinen Arbeitsplatz verloren hat, seinen jetzigen Arbeitsplatz aufgeben möchte und sich einen anderen, interessanteren suchen will. Es richtet sich an verschiedene Gruppen von arbeitslosen und arbeitssuchenden Menschen. Aber es wird sehr von der Persönlichkeit des Einzelnen abhängen, ob er ein Buch wie das vorliegende liest und benützt. Es soll verschiedensten Menschen helfen, wieder zu einem gewünschten und zumindest teilweise akzeptierten Arbeitsplatz, genauer: zu einer Arbeit, zu kommen. Den Begriff „Arbeitsplatz“ wollen wir zurückhaltend verwenden, da er zu stark mit traditionellen Formen der lohnabhängigen Arbeit verbunden ist.

Unter Arbeit verstehen wir grundsätzlich alles, was sich auf eine bezahlte Tätigkeit bezieht: Taxi fahren, Möbel tischlern, Bücher schreiben, verkaufen oder rezensieren, eine Baumschule führen oder Blumen züchten.

An den angeführten Beispielen sehen Sie aber auch schon, daß wir an bestimmte Jobs und Tätigkeiten denken. Unsere Zielrichtung geht nämlich weniger auf die im stabilen Sektor der Wirtschaft („Primärsektor“) angesiedelten Jobs, die weiterhin auf übliche Weise (Arbeitsamt, Annoncen, betriebsintern) vergeben werden. Wir konzentrieren uns vielmehr auf andere Tätigkeiten, die weithin im „sekundären“ System der Wirtschaft zu finden sind (Zulieferer, Service, Kleinbetriebe, Mittelbetriebe, deren Struktur sich relativ schnell ändert, die „kommen und gehen“) oder aber

auf solche, die wesentlich von staatlichen Zuwendungen nach dem Arbeitsförderungsgesetz (AFG)[4] abhängen, wie Arbeitsbeschaffungsmaßnahmen (ABM), die meist auf ein Jahr befristete Arbeitsplätze finanzieren oder aber Maßnahmen zur beruflichen und sozialen Eingliederung (MBSE), Berufseingliederungshilfen und ähnliche. Zu diesem Bereich gehören auch die sogenannten Honorar-, Werk- und Dienstverträge.*

Uns scheint, daß die Wirtschaft in der Bundesrepublik schon seit langem eine – sich verstärkende – „duale" Struktur aufweist: Die erste, „primäre", ist relativ fest an standardisierte Massenfertigung (Prototyp: Autoproduktion) gebunden; sie ist der Grundpfeiler, um den herum sich die Stützfunktionen des „sekundären Sektors" gruppieren. Es ist schwer zu beurteilen, wer hier wen stützt, sicher ist der Grundpfeiler insgesamt der bedeutendere, insofern er strukturbestimmend ist. Aber die zusätzlichen Stützen erscheinen nicht weniger bedeutend. Einige Ökonomen glauben nämlich, daß dieser relativ instabile, flexible, sich ständig ändernde Sekundärsektor eine wichtige Voraussetzung dafür ist, daß der relativ stabile Primärsektor sich auch so relativ stabil erhalten kann. Wie dem auch sei, Theorie ist nicht unsere Sache in diesem Buch, wer an diesen Fragen Interesse hat, kann sich bei anderen Autoren bedienen.[5]

Für den Leser dieses Buches geht es zuerst einmal darum, über eine möglichst lange Frist hinweg selbständig Geld verdienen zu können, also nicht von Sozialunterstützung abhängig zu werden.

Und noch etwas ist uns wichtig: Sie, der Leser, müssen es als Notwendigkeit empfinden, eine Arbeit zu finden, weil Sie sich „ganz ohne" nicht wohlfühlen, jedenfalls nicht auf Dauer. Kürzere Phasen der Untätigkeit können angenehm sein, längere, schon gar solche über ein Jahr hinweg oder mehr, sind es nicht mehr. Außerdem: Sie sollten sich über die Möglichkeit des Arbeitsamtes, Ihnen einen Arbeitsplatz zu verschaffen, keine Illusionen machen. Gut, Sie werden sich dort melden, wenn Sie leistungsberechtigt sind, also Geld zu erwarten haben. Sie werden sich auch beraten lassen, sich hin und wieder zu einem potentiellen

* Zum unterschiedlichen arbeitsrechtlichen Status von Honorar-Werk- und Dienstverträgen vgl. S. 89

Arbeitgeber schicken lassen, aber vertrauen Sie nicht zu sehr auf diese traditionellen Wege der Kontaktaufnahme mit Arbeitgebern.

Das Thema unseres Handbuches ist ein anderes: Sich möglichst selbst beziehungsweise durch Eigeninitiative eine Arbeit zu beschaffen oder aber mehrere Teilzeitarbeiten, von denen Sie leben können.

In diesem Buch wird von der zentralen Frage für jeden Arbeitssuchenden ausgegangen: „Wie kann ich mir Methoden zur Arbeitssuche aneignen, die Erfolg versprechen?"

Der entsprechende Abschnitt im vorliegenden Buch befaßt sich mit Methoden, mit strategischem Verhalten, mit Problemlösungen. Es geht auch um Motivation und um Kreativität. Etwas von alldem müssen Sie mitbringen, damit das ganze Erfolg haben soll.

Grundlegend gilt: Es kann uns nicht darum gehen, daß man *irgendeine* Arbeit bekommt, nur um zu existieren, zu überleben. Männer und Frauen, die unser Buch mit Gewinn lesen wollen, sollten nach einer *bestimmten* Arbeit suchen. Die Ideallösung wird allerdings selten zu verwirklichen sein. Kaum jemand wird das erreichen, was er sich als seinen „Traumberuf" ersehnt hat. Oft stellen sich Traumberufe als aufreibend oder enttäuschend heraus. Klammern Sie sich nicht zu fest daran.

Noch etwas: Es sieht so aus, als ob wir es mit zwei „Typen" von Menschen zu tun haben, den, der meist *allein* versucht durchzukommen (und das nicht nur bei der Arbeit und der Arbeitssuche) und den, der es am liebsten in der *Gruppe* mit Gleichgesinnten oder Gleichbetroffenen versucht. Es ist wichtig herauszufinden, welcher Kategorie Sie angehören. Sicher kann in vielen Fällen eine Gruppe mehr: sie löst bestimmte Suchaufgaben besser, sie schafft mehr Informationen herbei usw.

Unterziehen Sie sich einer Selbstprüfung: wenn Sie erst einmal allein die Bewältigung Ihres Problems in Angriff nehmen, werden Sie schnell herausfinden, ob sie es alleine schaffen können oder ob Sie den Austausch innerhalb einer Gruppe vorziehen.

Zum Schluß dieser Einführung: Teilen Sie uns Kritik und Anregungen bitte offen mit, vor allem dann, wenn sie sich auf Erfahrungen stützen. Wir werden diese Informationen im Interesse der Arbeitsuchenden verwenden (Adresse: Dr. Peter Köster, Zähringer Str. 14, 6900 Heidelberg)

1. Kapitel

Wem guter Rat teuer ist ...

Ich will hier nicht davon reden, daß Sie auf einer Party oder bei einem Essen Ihren Freunden oder Bekannten von Ihrem Problem erzählen und dann irgendeinen guten oder schlechten Rat bekommen. Was ich Ihnen zu Beginn Ihrer aktiven Suche nach Arbeit vorschlage, ist etwas anderes: Halten Sie mit Ihren Sorgen vor Freunden und der Familie nicht hinter dem Berg. Binden Sie ruhig alle mit in die Suche ein. Machen Sie deutlich, daß Sie nicht bemitleidet werden wollen und erklären daher gerade heraus, was Sie von Ihren Freunden oder Bekannten erwarten: *Ideen.* Bitten Sie darum, daß erst einmal alle Ideen „unzensiert" zur Sprache gebracht werden sollen, die eine berufliche Möglichkeit darstellen könnten.

Sie sind – trotz mancher Warnungen doch ein/e Geisteswissenschaftler/in geworden, aber zu einem Job hat das – trotz gutem Examen – bisher noch nicht geführt. Das ist heute nichts Außergewöhnliches. Veranstalten Sie einmal mit Ihren Freunden ein *„brainstorming"*, „bestürmen" Sie Ihr Gehirn mit Anfragen. Was kann denn ein junger Mensch mit 27, der gut Englisch spricht, der gut formulieren kann, schnell zu arbeiten gewohnt ist, sonst noch tun, außer Schülern Vokabeln abzuhören, Studenten in Methoden wissenschaftlicher Arbeit einzuführen oder gar Professor/in werden zu wollen? Er könnte sicher Taxi fahren oder in einer Kneipe kellnern. Aber es geht ja nicht darum, nur eine Überbrückungsmöglichkeit aufzutun. Hier handelt es sich um die Suche nach echten Alternativen. Sie sollen darauf hinauslaufen, zumindest längerfristig den üblichen (aber versperrten Laufbahnjob) an den Nagel zu hängen, ihn gegen etwas einzutauschen, auf das man nicht wartet, sondern das man sich selbst sucht.

Schreiben Sie alles auf, was im Laufe dieses *brainstorming* an Ideen produziert wird. Notieren Sie alle Ideen, auch Wortspiele,

Konzepte, Assoziationen. Zwei bis drei eng beschriebene Seiten liegen hinterher sicher vor Ihnen. Das Ergebnis wird natürlich je nach Berufsrichtung, nach Veränderungswünschen und -absichten unterschiedlich ausfallen. Aber es wird in jedem Fall genügend Anregungen enthalten, um Sie auf Tage und Wochen zu aktivieren. Die so zustande gekommene Ideensammlung wird für den Anfang Ihr *Arbeitsmaterial* sein. Die Job-Suche wird für Sie nun eine Zeitlang zum Job (wenn auch unbezahlt).

Sie beginnen damit, daß Sie die Ideen und Vorstellungen nach bestimmten Gesichtspunkten *ordnen* und *systematisieren.* Zu Beginn sollten Sie das, was von Ihren Freunden stammt, mit dem vergleichen, was Sie sich selbst schon vorher überlegt hatten. Hier werden Sie neben einer Reihe übereinstimmender Ideen auch abweichende Vorschläge vorfinden. Es wäre ja nicht verwunderlich, daß beispielsweise ein angehender Lehrer sich noch nie mit dem Gedanken befaßt hat, Touristenbetreuer oder Reiseleiter zu werden, etwa für „akademische Studienreisen“. Alles, was in den Notizen aufgeführt wird, sollten Sie aufmerksam lesen und dann grob unterscheiden zwischen dem, was in irgendeiner Form brauchbar erscheint und dem, was absolut nicht verwertbar sein dürfte.

Nur wenige kümmern sich um das Schicksal ihrer Studenten

Zum Beispiel Essen: In den Geisteswissenschaften wird der „Berufsbezug“ eher verdrängt

ESSEN: Es hängt mit der Entstehungsgeschichte der nordrhein-westfälischen Gesamthochschulen zusammen, daß die Lehrerausbildung dort seit jeher breiten Raum einnahm. In den letzten Jahren haben sich die Abschlußwünsche in geistes- und sozialwissenschaftlichen Fächern zwar umgeschichtet (vom Staats- zum Magister- Examen), dennoch ist beispielsweise an der Gesamthochschule Essen ein Drittel aller Studenten (rund 6000) in solchen Fächern eingeschrieben. Mit welcher Perspektive? Schätzungen der Gewerkschaft Erziehung und Wissenschaft (GEW) rechnen allein in Nordrhein-Westfalen mit 25000 arbeitslosen Lehrern: über Absolventen der Magisterstudiengänge gibt es keine konkreten Zahlen, die zuständige Fachvermittlungsstelle beim Arbeitsamt Bochum geht allerdings davon aus, daß die noch schwieriger zu vermitteln sind. 1000 Lehrer an berufsbildenden Schulen werden in diesem Jahr zwischen Rhein und Ruhr noch ins Beamtenverhältnis übernommen; danach wird es auch dort wie schon an anderen Schulformen auf Jahre hinaus keine Neueinstellungen mehr geben. Einige wenige arbeitslose Lehrer – zur Zeit 2400 – können auf befristete Teilzeitbeschäftigungen hoffen, die durch Beurlaubungen oder Stundenverzichte beamteter Lehrer möglich werden.

Angesichts solcher Zahlen ist die Dickfelligkeit, mit der in Essen und anderswo die zuständigen Fachbereiche das Schicksal der von ihnen ausgebildeten Studenten ignorieren, unfaßbar. Man forscht und lehrt wie bisher. Zwar wurden ein paar neue Fächer wie „Kommunikationswissenschaft“ eingerichtet, die dazugehörigen Tätigkeitsfelder müssen sich die Studenten allerdings selbst suchen. Modische Fachbezeichnungen, die berufliche Alternativen im Zeitalter der neuen Medien bloß vorspiegeln, helfen ihnen dabei wenig.

Nur einzelne lassen sich ernsthaft auf das Problem ein. Seit einigen Jahren organisieren die Historiker Praktika für Geschichtsstudenten in nicht-schulischen Berufen ...

(Hannes Kraus, in der Frankfurter Rundschau vom 27. Juni 1985).

Jedoch wird es neben ausgesprochenen Schnapsideen unter den Vorschlägen Ihrer Freunde auch eine Vielzahl guter Ratschläge und Ideen geben. Sammeln Sie diese oft noch diffusen oder schwammigen Vorstellungen unter der Rubrik *„geeignet zur näheren Überprüfung"*. Unterteilen Sie nun diese erste Auswahl nach den Gesichtspunkten: *gut, weniger gut* und *ungeeignet.*

Ich will gleich an einem Beispiel demonstrieren, wie ich mir die Anwendung und Auswertung des Konzeptes vorstelle.

Nehmen wir einmal an, Sie seien examinierte(r) Geisteswissenschaftler/in. Beim „brainstorming" mit den Freunden ergeben sich folgende *alternative berufliche Ideen und Vorschläge:*

1. Tätigkeit im Tourismus (Reiseführer für spezifische akademische Studienreisen)
2. Lehrer an Privatschulen (für examinierte Lehrer)
3. Ausbildung als Kindertherapeut (für Grund- und Hauptschullehrer)
4. Lehrer im Ausland (deutsche Schulen für Lehrer)
5. Zusatzausbildung zum Sonderschulpädagogen oder Spezialpädagogen (für Lehrer)
6. Diplomatischer Dienst für alle Geisteswissenschaftler (vor allem, wenn Sie Jura, Geschichte oder Sprachen studiert haben)
7. Lehrer in der Entwicklungshilfe (vor allem für Grund- und Hauptschullehrer, sowie auch für Gymnasiallehrer mit naturwissenschaftlichen Fächern und für Berufsschullehrer)
8. Zusatzausbildung und dann als Dokumentar, Bibliothekar oder Mitarbeiter im Museumsdienst
9. Dozent an Volkshochschulen und Bildungsakademien (evangelische und katholische Kirche oder politische Parteien) – hauptamtlich oder nebenamtlich
10. Redakteur bei Verlagen (allgemeine und Fach- und Schulbuchverlage)
11. Werbung (Texter, Media-Spezialist)
12. (Für jemanden, der über ein bestimmtes Kapital verfügt) Eröffnung eines Ladens: Wollgeschäft, Textilien u.a.
13. Für Leute, die in interessanten Städten leben: alternative Stadtführungen anbieten

14. Betreuerdienst für alte und gebrechliche Menschen organisieren
15. Für Liebhaber alter Sachen: Eröffnung eines Trödelladens
16. Seniorenkurse privat organisieren und anbieten (vom Kochkurs bis zum Kartenspiel und Tanz)
17. Freie Mitarbeit für Verlage (Zeitschriften) und Rundfunkanstalten anbieten
18. Bildungsangebote und Freizeitbetreuung für Ältere („Senioren“)
    usw., usw.

Das Angebot ist bunt gemischt, aber interessant genug, um es zu durchdenken. Jedoch ist alles noch ungeordnet, und es gibt verschiedene Möglichkeiten des Sortierens. Einmal können sie nach festen oder weniger festen Konturen vorgehen, oder Sie ordnen von hoher institutioneller Festlegung zu geringerer. Die beruflichen Möglichkeiten, etwa im Diplomatischen Dienst oder als Lehrer an deutschen Schulen im Ausland zu arbeiten, sind zu fast 100 Prozent festgelegt. Es gelten klare Zugangsvoraussetzungen, und so kann schnell durch briefliche Anfrage an die zuständige Stelle (Auswärtiges Amt beziehungsweise Oberschulamt oder Kultusministerium) geklärt werden, ob Sie mit ihrem Abschluß und sonstigen Voraussetzungen für eine diesbezügliche berufliche Laufbahn in Frage kommen oder nicht.

So werden zum Beispiel bisher nur Lehrer in den Auslandsschuldienst aufgenommen (Lehrer für deutsche Schulen im Ausland), die schon eine gewisse Berufserfahrung an deutschen Schulen nachweisen können und nicht mehr im Vorbereitungsdienst sind. Für eine Zulassung zum Diplomatischen Dienst ist zwar lediglich der erfolgreiche Abschluß eines wissenschaftlichen Studiums (also keine Fachhochschule) unabdingbare Voraussetzung, aber Absolventen eines juristischen, wirtschafts- und sprachwissenschaftlichen Studiums werden mit Sicherheit gegenüber Lehrern bevorzugt.

So erschöpfen sich diese eng definierten, fixierten Berufsmöglichkeiten sehr schnell. Übrig bleiben eine ganze Reihe wenig institutionalisierter Berufseinstiegsmöglichkeiten. Das sind von den oben genannten 18 Beispielen mindestens noch zehn.

Sie können auch nach einem anderen Schema sortieren: nach „berufsnahen“ oder „berufsfernen“ Möglichkeiten. Letztlich bleibt es Ihnen überlassen, nach welchen Gesichtspunkten Sie ordnen. Wichtig ist nur, daß Sie überhaupt systematisieren und daß nach Abschluß dieser Phase mindestens vier oder fünf Bereiche übrigbleiben, an die Sie dann mit besonderer Aufmerksamkeit herantreten sollten.

Ein zweites Beispiel: Nehmen wir an, Sie seien schon berufserfahren und haben als Absolvent(in) eines wissenschaftlichen Studiums in der Marketingabteilung einer Firma begonnen. Sie merken nach etwa zwei Jahren, daß Ihnen diese Tätigkeit nicht zusagt und möchten umsatteln. Aber wie? Innerhalb oder außerhalb der Firma, ist die allererste Frage. In diesem Fall sollten Sie genauso vorgehen, wie schon oben beschrieben. Wenn Sie aus der Firma ausscheiden wollen, könnten sich etwa folgende Alternativen ergeben:

1. Bewerbung an einem wirtschaftswissenschaftlichen Institut
2. Beginn einer kaufmännischen Zusatzausbildung
3. Gründung einer eigenen Werbefirma (vergleiche Kapitel: Selbständigmachen)
4. Beginn einer EDV-Ausbildung
5. Berufsqualifizierendes Zweitstudium, zum Beispiel Informatik
6. Gründung einer Personalberatungsfirma
7. Verwaltungswissenschaftliches Fachstudium

Auch hier wird nach den drei vorgeschlagenen Ebenen sortiert:

gut, weniger gut, ungeeignet;
fixiert, weniger fixiert;
berufsfern, berufsnah.

So finden Sie selbst am ehesten heraus, welche Kombinationen sich in der Wertung der Berufsmöglichkeiten ergeben.

Die Ideallösung scheint: gut geeignet, fixiert (wegen der meist guten Bezahlung), berufsnah. Vielleicht bevorzugen Sie aber: gut geeignet, wenig fixiert, berufsfern (das wäre die Lösung für berufsgeschädigte Individualisten, während das erste Beispiel eine gute Lösung für diejenigen darstellen würde, die das Risiko weniger lieben und deswegen auch weniger Selbständigkeit und mehr Abhängigkeit in Kauf nehmen.

Sie erkennen nun, wo sich das eigentliche Problem verbirgt: im Kriterium für „geeignet" oder „ungeeignet". Das ist eine Frage, die Sie ganz alleine beantworten müssen, und zwar die Bewertung, was für Sie selbst als „geeignet" oder „ungeeignet" zutrifft. Es handelt sich hier im Grunde genommen um zwei Dimensionen: ein *Motivationsproblem* (will ich das eigentlich, reizt mich diese Tätigkeit?) und um ein *Informationsproblem* (was erwartet mich, was bedeutet diese Arbeit konkret, was wird von mir verlangt, wie erhalte ich die von mir gewünschte Arbeit, und so weiter).

Beide Gruppen, an die wir uns mit unserem Ratgeber wenden, stehen vor diesem zweifachen Problem: ihre berufsbezogene Motivation zu klären und die dafür notwendigen Informationen zu sammeln und zu bewerten.

Zum ersten Teil, der Erforschung der eigenen Motive, gehört eine intensive Persönlichkeitsprüfung, die Sie auf verschiedene Weise vornehmen können. Sie können zum Beispiel zu einem Psychologen gehen (etwa bei einer Berufsberatung) und nach längerer Wartezeit einen Termin bekommen, dort einen Test absolvieren und daraus entnehmen, wie Ihre beruflichen Interessen anhand des Testergebnisses aussehen. (Sie können sich das aber auch ersparen, denn es gibt derzeit eine Reihe von Berufstests auf dem Buchmarkt, die mehr oder weniger das gleiche Resultat erbringen. Durch eine Selbsttestung können Sie den Aufwand erheblich verringern.[6]

Aber ich glaube kaum, daß Sie einem Personenkreis angehören, der seine beruflichen Neigungen erst noch durch Testpsychologen herausfinden lassen muß. Vielmehr vermute ich, daß Sie Ihre generelle Interessenstruktur im Hinblick auf einen Beruf in etwa kennen. Wenn Sie bisher in irgendeiner Weise „geisteswissenschaftlich" studiert und gearbeitet haben (als Lehrer, Dozent oder ähnliches) werden Sie nicht plötzlich Techniker werden wollen (immerhin, Ausnahmen sind nicht auszuschließen, sie sind aber meist in der umgekehrten Richtung anzutreffen), und wenn Sie als Ingenieur gearbeitet haben, kommt kaum ein Wechsel ins Übersetzerfach in Frage.

Wie Sie nun weiter vorgehen, wie Sie sich „strategische" Lösungsmöglichkeiten für „Ihren" Berufswunsch erarbeiten können, darüber will Sie das Buch informieren. Auch wir können Ihnen nur eine beschränkte Zahl solcher Strategien aus einer Vielzahl möglicher Lösungen anbieten.

2. Kapitel

Alleine oder mit anderen?

Sie müssen nun die Frage klären, ob Sie zu den Menschen gehören, die es bevorzugen, alleine durchzukommen, oder ob Sie sich lieber der Unterstützung einer Gruppe versichern. Sie können das selbst ziemlich genau einschätzen. Sicher kann eine Gruppe in vielen Fällen mehr leisten. Das haben Sozialpsychologen in Experimenten herausgefunden. Sie löst bestimmte Aufgaben (jedoch nicht alle) besser und schneller, sie schafft in kürzerer Zeit mehr Informationen herbei. Aber letzteres kann in den meisten Fällen auch eine Einzelperson erreichen, wenn sie sich dafür die erforderliche Zeit läßt.

Prüfen Sie sich doch einmal: Schnell werden Sie herausfinden, ob Ihnen bei Ihrer Arbeit (ich bezeichne Ihre Jobsuche wie gesagt als Arbeit – obwohl unbezahlt –, denn Sie sind ja nicht „arbeitslos“, sondern erwerbslos) An- und Aussprachemöglichkeiten fehlen, ob Sie Kommunikationsbedürfnisse entwickeln, die nicht befriedigt werden, d.h. also, ob Sie eher für die Suche innerhalb einer Gruppe geeignet sind, oder aber ob Ihnen die Kontakte mit Gleichgesinnten eher auf die Nerven gehen, ob Sie zu schnell kritisch und ungeduldig werden und so weiter. Die beste und effektivste Lösung scheint allerdings eine Kombination aus beiden Vorgehensweisen zu sein:

Phasen des Einzelkämpferdaseins wechseln mit solchen der Gruppenmitarbeit. Montags sind Sie zum Beispiel in einer Bibliothek und befassen sich allein mit Zeitschriften oder Büchern, dienstags gehen Sie in die Gruppe (*welche Art Gruppen* ich meine, erkläre ich anschließend), mit der Sie gemeinsame oder auch eigene Probleme besprechen. Mittwochs unternehmen Sie wieder etwas allein, donnerstags sind sie abermals in der Gruppe und so weiter. Es gibt verschiedene Möglichkeiten. Einmal existieren heute in nahezu jeder größeren Stadt, aber auch schon in Kleinstädten *selbstinitiierte Arbeitslosengruppen* oder *Arbeitslo-*

sentreffs („Selbsthilfegruppen", d.h. von den Betroffenen selbst gegründet), die um konkrete Verbesserungen der sozialen Lage der Erwerbslosen kämpfen (zum Beispiel für eine Art Sozialpaß, der finanzielle Vergünstigungen gewährt) und andererseits auch ganz gezielt Probleme der Erwerbslosen angehen. Hier erhält man in der Regel auch konkrete Ratschläge und Tips. Ferner finden sich auch – vor allem für diejenigen, die sich lieber auf eine Institution verlassen wollen – von den Gewerkschaften und Kirchen getragenen, beziehungsweise finanziell unterstützte Gruppen. Wie dem auch sei, Sie können sich durch Studium einschlägiger Publikationen (zum Beispiel der Termine in städtischen Veranstaltungsprogrammen) recht schnell die entsprechenden Informationen verschaffen. Ich rate Ihnen dringend, eine dieser Gruppen zumindest einmal aufzusuchen, sich dort umzusehen und umzuhören.

Dies sollten Sie nicht nur aus informatorischen Gründen tun, sondern ebenso aus psychologischen. Es ist äußerst wichtig zu sehen, daß man nicht allein ist: Mein Problem hat auch eine nicht gerade kleine Zahl anderer, mindestens ebenso intelligenter Mitmenschen, also kann die Ursache nicht allein bei mir zu suchen sein.

Erst wenn sie das unwiderlegbare Gefühl haben, hier wird nichts Produktives (mehr) geleistet, weil die Mehrzahl der Gruppenmitglieder müde geworden ist oder resigniert, dann sollten Sie entweder die Gruppe verlassen oder mit dem aktiven Rest eine neue starten.

Wenn Sie übrigens dabei keine Unterstützung durch Gewerkschaften oder Kirchen am Ort finden sollten, und auch sonst kein Raum dafür zur Verfügung steht, treffen Sie sich doch reihum zuhause bei den einzelnen Interessenten. Bereiten Sie die jeweiligen Treffen gut vor, es sollte ruhig etwas formal zugehen. Also entwerfen Sie eine Art Tagesordnung, bringen Sie etwas Struktur in die anschließende Diskussion. Von Treffpunkten in Kneipen oder Lokalen ist dringend abzuraten. Das ist erfahrungsgemäß einer Arbeitsatmosphäre nicht zuträglich. Sie sollten nun auch die Existenz ihrer Gruppe im Ort bekanntgeben. Setzen Sie die Termine Ihrer Treffen in die Lokalzeitung und versuchen Sie, die Lokalpresse für Ihre Anliegen zu interessieren. Sie wird in der Regel – wie die Erfahrungen zeigen – darauf eingehen.

Wenn Sie kein(e) Erwerbslose(r) sind, sondern sich eine andere, Ihren Interessen und Neigungen stärker entgegenkommende Arbeit suchen wollen, dürften die Selbsthilfegruppen nicht in Frage kommen. In diesem Fall müssen Sie schon weitgehend allein aus eigener Kraft operieren. Trotzdem bin ich überzeugt, daß sich die vorgeschlagenen Methoden in beiden Gruppen (den „Erstsuchern" und den „Alternativsuchern") mit geringen Abweichungen gleichermaßen anwenden lassen. Eines kommt bei der zweiten Gruppe hinzu: Hier wird sich relativ häufig der Wunsch finden, sich selbständig zu machen, auf eigene Füße zu stellen, sein eigener Herr zu sein, und sei es auf kleinstem Terrain (vgl. hierzu Kapitel 8 und vor allem 14).

Für viele Studenten wird die Hochschule zur Wartehalle

FRANKFURT A.M. Für viele Studenten und Studentinnen, die nach dem Examen vergeblich einen Arbeitsplatz außerhalb der Hochschule suchen, wird die Universität zur „Wartehalle". Sie versuchen, ihre Arbeitsmarktchancen durch ein Zusatzstudium (Promotion) zu verbessern oder bleiben lediglich als „Pro-forma-Studenten" weiter immatrikuliert, wie jetzt eine Untersuchung von Karl-Heinz Minks und Reiner Reissert vom Hochschul-Informationssystem (HIS) in Hannover ergeben hat.

Die beiden Forscher befragten 1978 im Auftrag des Bundesbildungsministeriums Studenten der höheren Semester und verfolgten ihren weiteren Ausbildungs- und Berufsweg mit einer zweiten Befragung im Jahr 1983.

„Die Schwierigkeiten, nach Abschluß der Ausbildung den Weg in die Arbeitswelt zu finden, nahmen in den letzten Jahren für viele Disziplinen zu", schreiben die beiden Forscher. Ein Drittel der Absolventen brauchte eine längere „Suchphase" von einem halben bis über einem Jahr. Viele Studenten bewegen sich daher zwischen Hochschule und Arbeitsmarkt in einer „Grauzone". Von den Befragten gaben 1983 rund 67 Prozent an, sie seien „voll berufstätig". Gleichzeitig waren von ihnen noch elf Prozent eingeschriebene Studenten. Von den sechs Prozent, die sich als „arbeitslos" einstufen, hatten noch 14 Prozent den Studenten-Status. Bei den „Jobbern" und

„Sonstigen“ lag der Anteil sogar bei 57 Prozent. Der Ablösungsprozeß vollziehe sich in kleinen Schritten, die Brücken würden nur zögernd abgebrochen, meinen Minks und Reissert. Trotz des Examens in einem Fach blieben Hochschüler länger als geplant, es komme zu einem „Rückstau“. Für viele spiele dabei eine Rolle, daß der Studenten-Status in der Familie oder im Freundeskreis anerkannter sei als der des Arbeitslosen oder Sozialhilfeempfängers. (. . .)

Besondere Berufsstartprobleme haben nach der HIS-Untersuchung die Frauen. Sie üben häufiger unqualifizierte Jobs aus oder waren länger arbeitslos, weils sie überwiegend auch Fächer mit besonders ungünstigen Einstellungschancen studiert haben (Erziehungswissenschaften, Sozialarbeit, Gesellschafts- oder Kulturwissenschaften). In der Übergangsphase komme es für viele zu herben beruflichen Enttäuschungen, meinen Minks und Reissert. „Vielfach lasten die Erwartungen der Umwelt, insbesondere der Eltern schwer auf den einzelnen Hochschulabsolventen, zumal wenn es sich um Bildungsaufsteiger handelt.“ (. . .)

Der Gedanke an den „Alternativbereich“ ist weit verbreitet, aber derzeit für die Hälfte nur ein Ausweg, „wenn alle Stricke reißen“. Die HIS-Studie bestätigt ferner die hohe Anpassungsbereitschaft der Hochschulabsolventen. Die viel zitierte und gegen die Studenten verwandte Erwartung, mit dem Gehalt eines Gymnasiallehrers (A 13) in den Beruf „einsteigen“ zu können, hat der größte Teil aufgegeben. Die Hälfte der Befragten (44 Prozent) habe allerdings nach eigenen Angaben ihren Berufswunsch ohne Anpassungen verwirklichen können, unterstreichen die HIS-Forscher. Überwiegend zufrieden mit ihrer Lage äußerten sich etwa zwei Drittel der Befragten. Die Unterschiede nach Berufen sind jedoch groß. Drei Viertel der Lehrer-Referendare sind „umfassend unzufrieden“ mit ihrer beruflichen Situation, weil ihnen eine Perspektive fehlt. Dennoch gehören auch die Lehrer zu denjenigen Gruppen, die rückblickend sich nochmals für ein Studium entscheiden würden (wenn auch nicht für das gleiche Fach). Rund 81 Prozent würden wieder studieren, weil sie dem Studium einen eigenen Wert beimessen. Ein Studium lohne sich auch heute noch, trotz der ungünstigen Berufsaussichten. Die Chance zur „Bildung“ werde gesehen und (bis auf die Ingenieure) genutzt.

JUTTA ROITSCH
(Frankfurter Rundschau, 1.3.1985)

3. Kapitel

Beginnen Sie selbst mit der Suche!

Nicht jedem wird das Glück zuteil, das P.B. (44 Jahre alt, verheiratet, ein Kind) hatte, nachdem er aus einem gutbezahlten Job in der Bildungsplanung ausscheiden mußte. Durch seine gewerkschaftlichen Kontakte erfuhr er nicht ganz zufällig, aber zum rechten Zeitpunkt, daß die Leiterstelle einer Filiale einer Buchgemeinschaft frei geworden war. Die Zentrale überlegte noch, ob sie die Filiale schließen sollte, da war P.B. schon zur Stelle: Er entwickelte ein neues kulturpolitisches Konzept für die Arbeit der Filiale, überzeugte damit die Buchgemeinschaftszentrale, erhielt den Posten und steigerte durch seinen neuen Stil binnen weniger Monate die Zahl der Buchgemeinschaftsmitglieder um nahezu ein Drittel.

Anders lief es für B. A., den ich vor einiger Zeit kennenlernte. Er hat Psychologie studiert, legte vor ein paar Jahren sein Diplom-Examen ab und stand nun ebenfalls vor der Frage: Was tun?

Er wartete nicht auf Angebote vom Arbeitsamt, sondern entschied sich für eigenes aktives Suchen. Er schrieb – so einfach geht es manchmal – an eine Reihe verschiedener Hochschulen, stellte seine Qualifikationen vor und ersuchte um die Möglichkeit, einen Lehrauftrag zu erhalten für ein bestimmtes Gebiet der Psychologie. Er kam auf diese Weise zum Erfolg. Zwar ist B. A. damit noch nicht fest angestellt (er ist Lehrbeauftragter), aber als Honorarkraft erhält er immerhin eigenes Geld, qualifiziert sich in seinem Fachgebiet und legt damit einen Grundstein für eine spätere wissenschaftliche Lehr- und Forschungstätigkeit.

Das ist alles nun kein Plädoyer dafür, das Arbeitsamt überhaupt nicht mehr einzuschalten. Sie sollten sich auf jeden Fall als Arbeitssuchender melden, nicht nur beim zuständigen Arbeitsamt, sondern – im Fall, daß Sie Hochschulabsolvent sind – auch bei der Fachvermittlung (in 25 Universitätsstädten). (vgl. Kap. 13)

Unbedingt sollten Sie regelmäßig die Arbeitsamtszeitungen, speziell „Markt und Chance", die in den Arbeitsämtern ausliegen, lesen und auch nach den Möglichkeiten einer „ABM" (Arbeitsbeschaffungsmaßnahme) fragen.

Über 45.800 Bewerbern mit Berufen wie Geisteswissenschaftler, Lehrer, Publizist und andere, hatte die Fachvermittlung von Anfang 86 bis Ende 86 ganze 641 offene Stellen (etwa 77:1) „anzubieten"! Bei sozialwissenschaftlichen und sozialpflegerischen Berufen war das Verhältnis gar 36.374 zu 527 (78:1)! Zum Vergleich eine andere Berufsgruppe, die günstiger einzustufen ist: Bei den besonders qualifizierten kaufmännischen und Verwaltungsberufen betrug das Verhältnis 19.850 zu 4.794 (4,3:1). Sehr schlecht, obwohl besser als in den erstgenannten Berufsgruppen war das Verhältnis bei den gestalterischen Berufen (Grafiker, Designer usw.) wo auf 146 offene Stellen im Gesamtjahr 1986 immerhin 3.500 Bewerber(innen) kamen (27:1). Bei den Ingenieuren (einschließlich Luftverkehrsberufen) hingegen war das Zahlenverhältnis mit 20.500 zu 12.050, mithin (1,8:1) beachtlich gut.[7] Hier wird klar, daß das stark gewachsene Ausmaß an „Akademikerarbeitslosigkeit" auf einige wenige Berufsgruppen sich konzentriert. Angesichts solcher Zahlen wird deutlich: der regelmäßige Gang zum Arbeitsamt oder gar unregelmäßige Nachfrage kann kaum etwas bringen. Auch gelegentliche Selbstbewerbungen reichen nicht mehr aus. Eine *aktive, systematische Suche* mit bestimmten *Suchtechniken* und *-methoden* ist erforderlich. Das wird der Hauptinhalt des zweiten Teils dieses Buches sein. Zuvor aber wollen wir uns noch einem Fall zuwenden, der sich zwar nicht in Wirklichkeit ereignet hat, durchaus aber hätte geschehen können. Alle Einzelheiten stimmen mit der Realität überein, nur sind sie in einen erfundenen Rahmen eingebettet:

Wie der Lehramtskandidat Friedrich P. Lehrer werden wollte und es dann doch nicht werden konnte

In einer Kleinstadt im Südwesten der Bundesrepublik wurde er, Friedrich P., geboren. Als er mit 19 Jahren sein Abitur ablegte, gratulierten ihm seine Eltern, Lehrer und Bekannten und alle wünschten ihm weiterhin Erfolg für seine Zukunft. Nun stehe ihm die Welt offen. Studieren wolle er? Ja, warum nicht? Zwar hegte er schon gewisse Zweifel, ob denn ein Studium auch immer zum erstrebten Erfolg führe, aber dann siegte doch der Ansporn, einen akademischen Grad zu erreichen.

Fritz, wie er von seinen Freunden genannt wurde, wechselte in die nächstgelegene Universitätsstadt K. und begann dort sein Studium zweier Lehrämter. Ein wenig überrascht war er schon von dem Andrang an der Hochschule, den überfüllten Seminaren, den unzufriedenen Studenten, den oft griesgrämigen Dozenten. Aber dann absolvierte Friedrich P. doch seine Studienzeit und legte – obwohl mittlerweile doch einigermaßen beunruhigt – sein Examen ab, in dem Wissen, daß neuerdings nicht mehr alle frischgebackenen Lehramtskandidaten in den staatlichen Schuldienst übernommen wurden. Da die Leistungen von Friedrich P. nur durchschnittlich waren (seine Noten waren „befriedigend"), erschreckten ihn die Meldungen, daß nur die besten Examensleistungen zu einer sofortigen Einstellung führen würden. Alle anderen Anwärter mit mittelmäßigen Leistungen müßten auf die Warteliste. Neuerdings hörte P. viel von verzögerten Einstellungen, von jahrelangen Wartezeiten. Sollte er das auf sich nehmen? Er wäre zwar gerne Lehrer geworden, aber von ausgeprägtem pädagogischen Eros spürte er allerdings auch nicht viel. Ihn hatte die festumrissene Aufgabe, die soziale Sicherheit, das Ansehen des Berufes gereizt, als er sich nach einem Studiengang umgesehen hatte.

Was nun? Guter Rat war teuer. Er konnte doch unmöglich in seinen Heimatort zurückkehren mit dem Bekenntnis, daß er als Lehrer auf einer Warteliste stehe, anstatt in einem Klassenzimmer. Nein, das war blamabel. Jezt packte Friedrich P. die Wut. Warum hatte er gewisse Warnungen des Kultusministeriums, Hinweise und Unkenrufe seiner Kommilitonen nicht ernster genommen? Er hatte immer gedacht, daß dieses Schicksal nur andere treffen würde, nicht aber ihn selbst. Ermutigt hatten ihn die gelegentlichen Nachrichten von Studienabsolventen, die es doch noch geschafft hatten, wenigstens nach drei bis vier Jahren Wartezeit noch eine Halbtagsstelle zu bekommen, wenn auch nur auf Zeit. Aber zumindest gab es die Aussicht einer Festeinstellung. Warum konnte nicht auch ihm, Friedrich P., dieses (geteilte) Glück widerfahren? Erzwingen ließ sich das allerdings nicht, obwohl er einen Antrag nach dem anderen stellte. Was also blieb ihm jetzt noch zu tun? Sollte er weiterhin nur auf ungewisse Nachrichten warten, sein Schicksal ganz in die Hände des Kultusministeriums und dessen unerforschlichen Ratschlusses legen?

Friedrich P. rechnet sich noch eine kleine Chance aus. So wartete er ein halbes Jahr, dann ein weiteres halbes Jahr. Schließlich hatte Friedrich P. das Warten satt. Er begann sich mit Ideen zu befassen, wie er sein berufliches Dasein anders ausrichten könne.

Eine Alternative wäre der Unterricht in eigens dafür geschaffenen Institutionen wie Volkshochschulen und Akademien. P. kannte eine evangelische Akademie, in die er einmal als Gast eingeladen gewesen war. Die Gestaltung des Seminars hatten Studienleiter übernommen, von denen einer Lehrer wie er selbst gewesen war. Er merkte, wie fixiert er auf eine spätere Arbeit in der Schule gewesen war. Allmählich löste er sich davon. Er rief bei der Akademie an und erfuhr, daß man derzeit zwar keine neuen Mitarbeiter benötigte, er sich aber bitte einmal bei dieser oder jener Stelle melden solle, bei der man immer einmal nebenamtlich Referenten und Betreuer für Seminare kurzfristig beschäftige. P. wendete sich also an die genannten Adressen: „Im Moment können wir Ihnen leider keine Tätigkeit anbieten" war die stereotype Antwort auf seine Anfrage, aber im Herbst solle er sich doch noch einmal erkundigen. Er könne auch gelegentlich seine Unterlagen zuschicken. Das tat P. dann auch.

Hierbei bemerkte er zum ersten Mal, wie schwierig es doch war, gute, kritischer Prüfung standhaltende Bewerbungsunterlagen zusammenzustellen. Das fing beim Lebenslauf an: Was sollte er hineinschreiben, was nicht? Dann seine Studiensemester, was sollte er darüber mitteilen? Sein bestandenes Examen war wichtig, aber die Zeit danach? Er begann, sich Rat zu holen, erst bei der Fachvermittlung des regional zuständigen Arbeitsamtes, dann auch bei Freunden, die sich in einer ähnlichen Lage befanden wie er selbst.

Auf diesem Wege erhielt er eine Menge Auskünfte, die für ihn neu waren. Nicht unwichtig war für ihn besonders die Information, daß er Anspruch auf Erstattung eines Großteils seiner Bewerbungskosten durch das Arbeitsamt hatte, wenn er dies vorher beantragte und dann die Belege dafür einreichen würde. Weiter: Nicht erstattete Kosten sind steuerlich absetzbar. (Bei der Fachvermittlung war er schon von Anbeginn gemeldet.)

Im Herbst hatte Friedrich P. tatsächlich Glück. Man brauchte für eine Woche einen Betreuer für die älteren Kinder von Seminarteilnehmern – an dem Seminar nahmen etwa 20 Familien teil. P. war ein wenig aufgeregt, als er – nach längerer Zugfahrt – in dem kleinen Ort in Norddeutschland ausstieg. Die Seminarleitung stellte ihn den Eltern vor, dann wurde er mit Materialien versorgt und sollte sich mit den Kindern beziehungsweise Jugendlichen im Alter von 10 bis 15 Jahren beschäftigen. Friedrich P. hatte sich vorbereitet mit Lektüre über Rollenspiele. Er übte mit den Jugendlichen ein kleines Theaterstück ein, das viel Beifall fand. Am Ende der Woche war Friedrich P. um etliche Erfahrungen und um 350,– DM reicher geworden. Er hatte Kontakte zu Referenten geknüpft, die auf dem Seminar ihre Beiträge vortrugen, und notierte ihre Anschriften. Man versicherte ihm, daß man ihn, da er so gut mit Jugendlichen arbeiten könne, auch auf andere Tagungen einladen wolle. Hin und wieder könne er auch bei speziellen Themen als Referent in Frage kommen, er sei doch Historiker. P. freute sich. Er hatte einen Zipfel seines künftigen neuen Jobs in der Hand.

In den folgenden Jahren spezialisierte er sich durch ein zweijähriges Studium der Erwachsenenbildung (Aufbaustudium) an einer süddeutschen Universität. Heute arbeitet er als ständiger „freier“ Mitarbeiter an verschiedenen Akademien.[8]

Naja, werden viele Leser und Leserinnen jetzt sagen, solche „Erfolgsgeschichten“ hörten wir früher häufig, jetzt aber werden sie immer seltener. Die früher noch oft unentdeckten Nischen seien schnell ausgefüllt gewesen. Sicher sind viele von ihnen längst besetzt, aber *es gibt mit Sicherheit immer wieder neue zu entdecken.* Und viele kritisieren die *Nischenstrategie* als arbeitsmarktpolitisch unbefriedigend. Das ist sicher richtig! Sie kann nicht Hunderttausenden neue Arbeitsplätze verschaffen. Aber dieses Buch will vor allem denen helfen, die im derzeitigen Beschäftigungssystem lange ohne Arbeit bleiben oder die eine ungewisse Zukunft vor sich sehen. Es will gezielt einen im Verhältnis zur Gesamtzahl relativ kleinen Kreis von aktiv eingestellten, aber vielleicht etwas mutlos gewordenen Personen wieder mehr Mut machen, nichts, was sinnvoll erscheint, unversucht zu lassen. Daher verlangt die Strategie, die dieses Job-Handbuch vorschlägt, von denen, die gewillt sind, sie anzuwenden, möglicherweise mehr Energie, als bei durchschnittlichen Jobs gefragt ist. Alle, die mit ihr auf die Suche gehen, machen aus ihrem Suchen einen Job und haben hier genauso viele Erfolgs- und Mißerfolgserlebnisse zu verkraften, wie bei jedem anderen Job auch: Nur gibt es nicht Lob oder Tadel „von oben“, sondern dies muß sich jeder selbst geben. Daher ist eine bestimmte Art von *Selbstbewertung am Ende jedes Monats angebracht.*

Anmerkungen zu I.

1 Prüfen Sie jedoch immer wieder sehr ausführlich und genau, ob Sie nicht doch (noch) zu den Anspruchsberechtigten gehören. Eine sehr informative Hilfe für diesen Zweck ist der vom „Arbeitslosenprojekt" der Fachhochschule für Sozialarbeit und Sozialpädagogik Frankfurt/M. herausgegebene „LEITFADEN FÜR ARBEITSLOSE", der nun bereits in der 5. Auflage 1986 erschienen ist. Bestellung über Fachbereich Sozialarbeit der Fachhochschule Frankfurt/M., Sonderkonto Schriftenreihe, Postscheckamt Frankfurt/M. Nr. 1255-607, BLZ: 500 10 60 gegen Bezahlung des Unkostenbeitrags.
Anschrift der Fachhochschule: Limescorso 5, 6000 Frankfurt/M. 50, Tel. 069/58 10 51.
Der Leitfaden enthält daneben – anschaulich aufbereitet – wichtige Hinweise zur Fortbildung und Umschulung, zu Berufsausbildungsbeihilfen und Arbeitsbeschaffungsmaßnahmen, zu Leistungen zur Förderung der Arbeitsaufnahme, zu Widerspruchs- und Klagemöglichkeiten bzw. -rechten beim Arbeitsamt mit entsprechendem Verzeichnis der Widerspruchs- und Klagemuster. Es gibt auch ein Verzeichnis der Arbeitslosenselbsthilfen und -treffs.

2 UNI-Berufswahlmagazin, 6/1984, Kein Aufschlag ins Netz, S. 9-12.

3 Wer mit einem der Initiatoren des Vereins „Solidarität unter Lehrern" e.V. Kontakt aufnehmen möchte, um sich über die Arbeitsweise, aber auch Schwierigkeiten solcher Vereine zu informieren, wende sich an Norbert Rodenbach, Köstersfeld 35 a, 4200 Oberhausen 1.
Wer sich als betroffene(r) Lehrer(in) bzw. Pädagoge(-in) für verschiedene berufliche Alternativen interessiert und Informationen haben will, hat mehrere Möglichkeiten: einmal kann er sich an die Gewerkschaft Erziehung und Wissenschaft (GEW) wenden, die ein eigenes Referat „Arbeitslose Lehrer" eingerichtet hat (GEW, Unterlindau 58, 6000 Frankfurt/M. 18, z.H. Christoph Heise, Tel. 069/72 00 96-99) bzw. an deren Landesverbände (Adressen in den Telefonbüchern), zum anderen gibt es seit einigen Jahren eine Kontaktstelle „Alternativen für Pädagogen" des Gustav-Stresemann-Instituts für übernationale Bildung und europäische Zusammenarbeit, das der FDP nahesteht. Adresse: Haus Lerbach, 5060 Bergisch-Gladbach 2, Tel. 02202/3 10 21. (Bei schriftlichen Anfragen wird Rückporto erwartet).

4 Einige Teile des Arbeitsförderungsgesetzes und zwar solche, die für die Berufsbildung, für Fortbildung und Umschulung wichtig sind, werden im Anhang in ihrer neuesten gesetzlichen Fassung aufgeführt.

5 Dazu gehören die schon vor über 10 Jahren von den amerikanischen Ökonomen Doeringer und Piore entwickelten Ansätze einer Theorie des „Dualen Arbeitsmarktes" bzw. der Arbeitsmarktschichtung („labour market stratification") sowie die in Fortsetzung dieser Theorie vom Münchener Institut für sozialwissenschaftliche Forschung (ISF) weiterentwickelten „Segmentierungsmodelle" des Arbeitsmarktes.
Im Anhang dieses Buches ist weitere Literatur zu finden.

6 Z.B. Peter Lauster: Berufstest – Die wichtigste Entscheidung im Leben richtig treffen, erstmals veröffentlicht im Mai 1976, überarbeitete Auflage 1984, enthält Tests zur Interessenstruktur in zehn beruflichen Gebieten, und zwar Naturwissenschaft, Technik, Elektronische Datenverarbeitung, Medizin, Sozialarbeit(-pädagogik), Unterricht, Verwaltung, kaufmännische Tätigkeit, optische Gestaltung (Grafik/Design/ Fotografie u.ä.) und Geisteswissenschaft. Wer sich dem Problem wissenschaftlich nähern will, dem sei das Buch „Psychologie der Berufswahl und beruflichen Entwicklung" von Reinhold Scheller empfohlen. Es ist im Kohlhammer-Verlag Stuttgart erschienen.

7 Dies sind Zahlen vom offiziellen Arbeitsmarktbericht Ende 1986 der Bundesanstalt für Arbeit.

8 Das Taschenbuch des öffentlichen Lebens, herausgegeben von Prof. Dr. Albert Oeckl, das in der (33.) neuen Auflage 1985/86 erschienen ist, zählt nicht weniger als 30 solcher Akademien und Bildungseinrichtungen (kirchlich und nichtkirchlich) auf. Sie beschäftigen eine große Zahl haupt- und nebenamtlicher Mitarbeiter und Mitarbeiterinnen. Dieses Taschenbuch sollte zusammen mit anderen berufsspezifischen Übersichtsverzeichnissen – wie dem Leitfaden für Presse und Werbung – Presse- und Medien-Handbuch „STAMM" zum Beispiel – unentbehrliches Werkzeug jedes Jobsuchenden sein . Diese Handbücher sind in jeder guten Stadtbücherei (in jeweils neuester Ausgabe) zu finden.

II. Die Suche beginnt

In diesem Teil werden Ihnen Suchstrategien, Suchmöglichkeiten, -methoden oder -techniken, vorgeschlagen, die so oder in ähnlicher Weise erprobt worden sind. Sie müssen nicht stur in der hier dargestellten Form imitiert, sie können modifiziert oder kombiniert werden. In dem Modell von Lorenz Wolff[1] finden sich mehrere wichtige Komponenten, die nicht alle in der aufgezeigten Reihenfolge, möglichst aber vollständig angewendet werden müssen.

Von „Mini-Max"-Methoden (kleinstmöglicher Aufwand mit größtmöglicher Wirkung) ist hier nicht die Rede. Nein, von Ihnen wird ein erheblicher Aufwand erwartet. Professor Wolff verbindet eine bestimmte Studienstrategie mit einem Prozeß, den er *„Berufszielfindung"* nennt; am Ende dieses Prozesses sollte derjenige, der dieses Vorgehen sorgsam befolgt hat, eine irgendwie bezahlte Erwerbsarbeit bekommen haben.

Voraussetzung einer erfolgversprechenden Anwendung ist eine „gnadenlose" Ehrlichkeit den eigenen Stärken und Schwächen gegenüber. Zwar sieht die Chancen-Matrix von Lorenz Wolff bei den „Besonderheiten" nur die Stärken vor, aber jeder weiß „im Innersten" ebenso gut (vielleicht besser) über seine schwachen Seiten Bescheid.

Sie wollen Ihre Fähigkeiten einem anderen (Arbeitgeber, Unternehmer, potentiellen Teilhaber) anbieten. Bevor Sie das können, müssen sie genau wissen, was *der andere* macht und kann. Bevor Sie ihn über sich informieren, brauchen Sie Informationen über die Art des Geschäfts, der Betriebs- oder Unternehmertätigkeit. Dazu müssen Sie sich noch gar nicht persönlich hervorwagen. Es genügt meist eine unverbindliche Anfrage an die Adresse des Unternehmers/Betriebes/der Institution mit der *Bitte um Zusendung möglichst informativen Materials,* man sei Student oder in der Weiterbildung und arbeite gerade an bestimmten Fallstudien. Dafür benötige man Geschäftsberichte, Institutsveröffentlichungen, Unternehmensbriefe und andere, der Öffentlichkeit zugängliche Unterlagen. Anfallende Unkosten übernehme man selbst.

Angenommen, Sie interessieren sich für eine Tätigkeit als „Sozial-Pädagoge/in" in freier oder öffentlicher Stellung. Selbstverständlich ist die *regelmäßige* Lektüre aller verfügbaren Zeitschriften und Zeitungen, die Stellenausschreibungen in diesen oder artverwandten Sektoren veröffentlichen. Das bedeutet für Sie schon eine Menge Arbeit (beispielsweise Besuch in Bibliotheken), denn Sie werden diese wohl kaum alle abonnieren können, vielleicht mit Ausnahme der „ZEIT“, die ständig Ausschreibungen aus allen Wissenschaftsgebieten und Berufsfeldern veröffentlicht und einiger anderer relativ neuer Stellenmagazine und -journale[2] (Hinweise am Schluß dieses Abschnitts).

Aber es gibt – in unserem Falle des/der Sozialpädagogen/in natürlich eine ganze Menge anderer Publikationen, die Stellenangebote und -nachfragen veröffentlichen. Das beginnt mit Monatsmagazinen wie: „päd.extra“, „Pädagogik heute“, „Sozialmagazin“, „Psychologie heute“, die eher kultur- und gesellschaftspolitisch orientiert sind oder praktisch-pädagogische Fragen behandeln, das trifft aber auch auf Fachzeitschriften im engeren Sinne zu: Zum Beispiel auf die Zeitschrift „Neue Praxis“ oder die „Blätter der Wohlfahrtspflege“. Unser/e „Sozial-Pädagoge/in ist also verpflichtet, jede in seiner/ihrer Hochschulbibliothek oder in anderen Bibliotheken verfüg- und einsehbare Zeitschrift daraufhin durchzusehen, ob sie regel- oder unregelmäßig Stellenangebote und -anfragen veröffentlicht. Das kann ihn/sie schon einen ganzen Vormittag kosten, aber da diese Zeitschriften zu unterschiedlichen Zeitpunkten in der Auslage der Bibliothek erscheinen, bedeutet es effektiv, alle drei bis vier Tage erneut diese Organe nach Stellenausschreibungen zu durchkämmen. Das gehört zum allwöchentlichen Arbeitspensum unbedingt dazu, mehrwöchige Unterbrechungen dieser Pflichtlektüre sind nicht anzuraten.

Die auch nur dem geringsten Anschein nach infrage kommenden Anzeigen sollte der/die Jobsuchende sich herausschreiben oder – falls das möglich ist – kopieren.

Die Institutionen oder Organisationen, die eine Arbeit anbieten, sollten nun „untersucht" werden, bevor eine Bewerbung erfolgt: Unter einem Vorwand oder mit Hinweis auf eine mögliche Bewerbung nicht nur Bewerbungsunterlagen im engeren Sinne anfordern, sondern alles zweckdienliche Material, das die Institution zwecks Information herausgibt.

Dann geht es um die gezielte Informationsverwertung. Hat also zum Beispiel ein Bezirksjugendring in der Region S. eine Stelle als Leiter ausgeschrieben, so sollte sich unser/e Interessent/in sofort daran machen, alle erdenklichen Informationen über die Aufgabe von Jugendringen zu sammeln. Schnell wird er aussagefähige Informationen über die Struktur dieser Jugendverbände finden, ihre Organisation vom Bundesjugendring abwärts zu Landes- und Bezirks- beziehungsweise Kreisjugendringen. Meist sind diese Stellenausschreibungen sehr detailliert. Die Anforderungen an die Kandidaten sind klar dargelegt, in unserem konstruierten Fall wird zum Beispiel die Bereitschaft zum Dienst auch an Wochenenden und Abenden gefordert. Die außerdem erwartete langjährige Leitererfahrung läßt dann allerdings sofort eine große Anzahl der bisher interessierten Kandidaten ausscheiden.

Die Stellenausschreibungen durchzusehen gilt in unserem Arbeitsschema als *eine* Voraussetzung erfolgreicher Selbstbewerbungen von vielen. Meist haben die ausschreibenden Institutionen eine recht lange Bewerbungsfrist, oft von mehreren Wochen. Es bleibt also genügend Zeit, sich über die Arbeit, Funktionen und die Anforderungen der Stelle ausreichend klar zu informieren.

Wenn Sie sich dann schließlich bewerben, sollten Sie sich über die Institution und die in der Stelle verlangten Qualifikationen fast so gut informiert zeigen, als ob Sie schon eine Zeitlang dort gearbeitet hätten.

Sie sollten also wissen, wer in welcher Funktion mit wieviel Mitarbeitern welche Tätigkeit verrichtet. Sie könnten zum Beispiel die Arbeitsweise und den Arbeitsstil der Institution indirekt überprüfen, indem Sie „als interessierter Elternteil“ oder „Erziehungsverantwortlicher eines Jugendlichen“ Informationen über Seminare oder sonstige Bildungsveranstaltungen der Institution anfordern und prüfen. Achten Sie auf die Art und Weise, wie Ihnen auf solche Anfragen geantwortet wird, wer Sie mit wem weiterverbindet beziehungsweise wer Sie an wen „weiterreicht“.

Bei dieser Gelegenheit könnten Sie kleine „informative“ Gespräche führen, zum Beispiel über die „Angemessenheit“ oder „Unangemessenheit“ bestimmter Erziehungsmethoden. So erhalten Sie schon einiges an Information, wie die Institution arbeitet, also ob es sich überhaupt für Sie mit Ihren Ansprüchen lohnt, eine Bewerbung weiterzuverfolgen.

Wenn Sie nun wieder einmal Pech gehabt haben sollten mit einer spezifischen Bewerbung, können sie sich *parallel* bei ähnlichen Institutionen unaufgefordert weiter bewerben, also zum Beispiel, wenn es mit dem Bezirksjugendring von S. nicht geklappt hat, bewerben Sie sich mit Extra-Handanschreiben, aber den gleichen Unterlagen bei allen anderen Landes- und Bezirksjugendringen; vielleicht wird dort bald eine Stelle frei durch eine Pensionierung oder Wegzug eines Mitarbeiters.

4. Kapitel

Ihr Tatendrang muß bekanntgemacht werden

Wußten Sie: Es gibt über 4.000 wissenschaftliche Forschungsstätten in der BRD!

Nehmen wir an, Sie haben eine wissenschaftliche Ausbildung absolviert, sind also weniger Praktiker als Theoretiker.

Sie haben einige Jahre ein Studium der Geistes-, Kultur- oder Sozialwissenschaft an einer Universität beziehungsweise wissenschaftlichen Hochschule absolviert (die Naturwissenschaften, Medizin und Technikfächer schließen wir keinesfalls aus, jedoch hier gibt es weniger Schwierigkeiten, es sei denn, Sie sind „reiner" Mathematiker, Meteorologe oder Diplom-Geograph geworden, aber hiervon gibt es ja auch nicht gerade tausende von Absolventen).

Sie werden bald feststellen, daß eine – vielleicht früher erträumte – Karriere an der Universität wohl kaum zu verwirklichen ist, was bleibt Ihnen?

Die Voraussetzung einer jeden ernsthaften Bewerbung bei einem Forschungsinstitut ist erstens grundsätzlich ein (sehr) gutes Examen und sind zweitens Veröffentlichungen – sonst ist jeder Versuch von vornherein überflüssig!

Es ist wichtig, daß Sie bei Anfragen oder Selbstbewerbungen ihre Voraussetzungen und ihre derzeitige Situation ausreichend klar schildern. Die im folgenden aufgeführte „Checkliste" soll Ihnen helfen, die notwendigen Informationen und Erläuterungen, die Sie einem potentiellen wissenschaftlichen Arbeitgeber unbedingt geben sollten, schneller und möglichst vollständig zusammenzustellen.

Check-Liste für Anfragen und Bewerbungen bei wissenschaftlichen und wissenschafts-orientierten Institutionen/Arbeitgebern

JA	NEIN	Berücksichtigt? Erledigt?
		Vorstellung (Person, Ausbildung, Studium) Familienverhältnisse darlegen
		Bisherige Arbeitsschwerpunkte bzw. Arbeitsstätten
		Gewünschte Arbeitsschwerpunkte (Forschungs/ Wissensgebiet)
		Interesse an der Arbeit des Instituts/der Organisation bekunden
		Falls Arbeitsplatzwechsel angestrebt, überzeugend bzw. einsichtig begründen
		Falls Veröffentlichungen vorhanden, Liste mit vollständigen Angaben beilegen
		Falls Bewerbung: tabellarischer Lebenslauf (in kurzen übersichtlichen Blöcken, maschinenschriftlich)
		Falls Bewerbung: gutes Foto neueren Datums, Paßbildformat, kein Automatenbild
		Unbedingt auf korrekte Rechtschreibung achten, keine Korrekturen
		Makellose äußere Form der Unterlagen, kein beflecktes oder bereits geknicktes Papier verwenden, die Papiere bzw. Unterlagen am besten in Klarsichthüllen stecken
		Referenzen (von Dozenten, Professoren, Wissenschaftlern), aber nur, wenn aussagekräftig
		Auf einen möglichen Besuchstermin ansprechen

Wer noch glaubt, eine Selbstbewerbung oder Anfrage würde gleich auf Anhieb Erfolg bringen, muß sich enttäuschen lassen.

Es ist vielmehr wichtig, auf diese Weise möglichst viele Kontakte gezielt herzustellen.

So weist der als Beispiel abgedruckte Antwortbrief der Entwicklungshilfeinstitution *ausdrücklich daraufhin,* sich „parallel" zu informieren und zu bewerben, in diesem Fall bei einem runden Dutzend anderer Entwicklungsdienste (vorwiegend kirchlich und privat) unter Vorlage von genauen Studien- und Laufbahninformationen sowie Referenzen. Auch hier finden sich alle gewünschten Anschriften im „Taschenbuch des öffentlichen Lebens", das man sich übrigens nicht (für 80,– DM) kaufen muß, sondern das jede gute Stadtbücherei zur Verfügung hat.

Sehr geehrter Herr Köster,

wir danken Ihnen für Ihr Schreiben und freuen uns über Ihr Interesse an einer Mitarbeit im Rahmen der Entwicklungshilfe. Anbei erhalten Sie unser Informationsmaterial, aus dem bereits alles Wesentliche zu ersehen ist. Ergänzend möchten wir Ihnen folgendes mitteilen:
Leider sehen wir im Augenblick keine Möglichkeit, Ihnen eine Aufgabe im Rahmen eines bildungs- bzw. hochschulplanerischen Projektes anzubieten, da alle in Frage kommenden Plätze inzwischen besetzt wurden. Falls Sie jedoch bereit wären, sich zunächst unverbindlich in unsere Vormerkkartei aufnehmen zu lassen, würden wir aufgrund Ihrer Angaben einmal speziell in Tansania anfragen, ob dort in absehbarer Zeit ein Mitarbeiter denkbar wäre.
Im übrigen empfehlen wir Ihnen, auch bei einigen anderen Entwicklungsdiensten nähere Informationen einzuholen. Die betreffenden Adressen finden Sie auf der Rückseite der beigefügten blauen Broschüre verzeichnet.

Indem wir Ihren weiteren Bescheid abwarten,
verbleiben wir für heute
mit freundlichen Grüßen

Und da wir gerade wieder von Bibliotheken sprechen, vergessen wir doch nicht, daß Sie – wenn Sie erwerbslos sind – sich sowieso jede Woche einmal in einer guten Bibliothek befinden sollten. (Durchsicht der wichtigsten Magazine mit Stellenanzeigen, Lektüre ausgewählter Informationen zu Stichworten, die Sie sich in der Woche zuvor bei allen möglichen berufsrelevanten Aspekten gemacht haben. Manche der wichtigeren Kontake sollten Sie telefonisch intensivieren durch gelegentliche Anrufe und Nachfragen (aber Vorsicht, nicht zu häufig, also nicht alle drei, vier Tage!). Fallen Sie auch hier nie mit der Tür ins Haus. Daß Sie eine Arbeit suchen, erfährt Ihr Gesprächspartner am anderen Ende der Leitung sowieso früh genug. Wenn es Ihnen nicht zu teuer wird, sollte auch ein Besuch erwogen werden, aber nur dort, wo Sie wirklich Interesse haben oder spüren und es sich deswegen für Sie wirklich lohnen würde, einiges zu investieren.

Kommen wir nun noch einmal auf das eingangs erwähnte *Berufszielfindungsmodell* von Lorenz Wolff zurück beziehungsweise auf die von ihm entwickelte *Chancen-Matrix*.

Diese Chancen-Matrix sollten Sie – wenn Sie das Modell überhaupt anwenden wollen – nicht nur auf die Zukunft bezogen ausarbeiten, sondern auch nachträglich für die zurückliegenden Bewerbungserfahrungen und ihre Auswertung nutzen.

Sie haben dann – für den Fall, daß Sie diese Matrix für sich entwickeln wollen – einen Bogen im Format DIN A1 oder DIN A2 mit diversen Spalten vor sich.

Neben Besonderheiten/Stärken sind dies Aufgaben und Probleme, die zu lösen gewesen wären, wenn Sie die Stelle bekommen hätten und es sind weiterhin die Zielgruppen, mit denen Sie in erster Linie zu tun gehabt hätten.

Machen Sie sich selbst eine Skala bezogen auf die Stärke Ihrer Lust, die Sie auf die Stelle/den Job verspürt haben (von 1-10) und rechnen Sie sich ganz subjektiv die Chance aus, die – unvoreingenommen – vorher bestanden haben mag (von 10–90 Prozent). Wenn Sie sich von Anfang an nur eine Erfolgsquote von weniger als 10 Prozent einräumen, hat es wahrscheinlich kaum einen Sinn, sich auf eine solche Stelle mit all dem Aufwand wie oben beschrieben zu bewerben.

Zum Beispiel: Sie haben vor einigen Monaten eine Stellenausschreibung gelesen (ZEIT), die wie folgt aussah:

Die **Stadt** sucht zum nächstmöglichen Zeitpunkt eine/n

ERZIEHER/IN

für städtische Kinder- und Jugendarbeit

Gesucht wird eine Fachkraft mit Erfahrungen im Bereich der Freizeitpädagogik, Teamgeist, Eigeninitiative und Kooperationsvermögen.

Das Aufgabengebiet umfaßt die pädagogische Arbeit – offene sowie vereinsgebundene – in den Räumen eines städtischen Jugendtreffs, Mitgestaltung von Ferienmaßnahmen sowie die Mitarbeit bei Jugendveranstaltungen. Die Dienstzeit wird hauptsächlich in den Nachmittags- und Abendstunden liegen. Neben der pädagogischen Kraft werden zwei Zivildienstleistende in der Einrichtung tätig sein.

Die Bezahlung erfolgt nach der Verg.-Gr. VI b BAT. Außerdem werden die im öffentlichen Dienst üblichen sozialen Leistungen gewährt.

Bewerbungen mit den üblichen Unterlagen (Lebenslauf, Lichtbild, Zeugniskopien) werden bis zum 24. Februar 1985 erbeten an den

Magistrat der Postfach 16 64,

Sie haben sofort großes Interesse verspürt und Ihr Beschluß, sich zu bewerben, stand schnell fest. Sie hatten Ihre Matrix zur Hand und sollten etwa folgendes eingetragen haben: Welche besonderen Stärken bringe gerade ich für diese Stelle mit?

Ist das Interesse nur allgemein (schlecht) oder sehr spezifisch (gut)?

Verspüre ich Lust auf die in der Ausschreibung beschriebene Arbeit?

Ca. 7./8. Stufe (bei 10 Stufen insgesamt), Chance (subjektiv) 15 Prozent.

In dieser Weise haben Sie im Laufe der Zeit eine *Reihe von Stufen- und Prozentwerten bekommen. Vergleichen Sie doch bitte anschließend die Reaktionen der „Angebotsseite“ mit ihren Werten.* Die Reaktionen erstrecken sich dabei von „ohne Reaktion“, d.h. keine Antwort bis hin zu einer „Einladung zur Vorstellung“. Irgendwann werden Sie merken, daß bestimmte Werte auf der Matrix und Chanceneinschätzungen mit den Reaktionen nicht so recht harmonieren wollen. Wenn Sie sich mit 10 eingestuft hatten und Ihre Einschätzung der Chancen auf 70 oder gar mehr Prozent fiel, aber keinerlei Reaktion (oder nur eine kühle, standardisierte Absage) erfolgte, muß etwas „faul“ sein an Ihrem Bewerbungsverhalten.

Vielleicht machen Sie bei Ihrem „Dienstleistungs- oder Nutzenangebot“ einen Fehler (über- oder untertreiben), vielleicht haben Sie immer wieder einen bestimmten Formfehler begangen, der Ihnen selbst nicht mehr auffallen kann. Gehen Sie doch nun einmal mit Ihren bisherigen Erfahrungen zur Fachvermittlung der Bundesanstalt für Arbeit (in 25 verschiedenen Städten der Bundesrepublik, siehe Liste Seite 138) und besprechen Sie sich mit dem Arbeitsvermittler bzw. -berater. (Vergleichen Sie auch den Beitrag von L. Kreuzer zur Fachvermittlung, Kapitel 13).

5. Kapitel

Der Profilierungsprozeß

Das, was ich mit *„Profilierungsprozeß“* bezeichne, baut natürlich auf dem auf, was Ihr „Fähigkeits- und Eigenschaftsprofil“ genannt werden könnte. Hierbei muß vom „Groben“ zum „Feinen“ übergegangen werden, um schließlich das „Adäquate“ herauszuarbeiten. Beginnen Sie zunächst damit, ein „Grobprofil“ herauszuarbeiten. Nehmen wir an, es geht um die Mitarbeit in der Jugend- und Erwachsenenbildung. Die hierfür notwendigen und brauchbaren sowie „auszeichnenden“ Fähigkeiten und Eigenschaften könnten wie folgt bestimmt werden:

- *Gute schriftliche als auch mündliche Ausdrucksfähigkeit*
- *Konzentrationsfähigkeit*
- *Zeitbewußtsein*
- *Toleranzbereitschaft (Meinungen)*
- *Organisationsfähigkeit (Ziel-, Mittel-Planung)*
- *Verantwortungs- und Handlungsbereitschaft*
- *Fehler- und Schwächentoleranz*
- *Überzeugung vom hohen sozialen Wert der Hilfe und Belastbarkeit bei Streß*

Sie sollten nun – wenn Sie sich einmal für eine solche berufliche Sphäre entschieden haben – an eine Feinstrukturierung gehen. Denn diese Eigenschaften und Fähigkeiten sind für alle Berufsfelder der Jugend-, Sozial- und Erwachsenenbildungsarbeit gefragt. Ihr „Feinprofil“ dagegen sollte schon möglichst stark auf ein ganz bestimmtes und *spezielles Berufsfeld* zielen (zum Beispiel die Arbeit mit *behinderten Jugendlichen* oder mit *ausländischen Kindern*). Versuchen Sie hierbei herauszufinden, unter anderem in Gesprächen mit der Fachvermittlung und mit Berufspsychologen, ob Sie die von anderen gemachten und an Sie weitergegebenen Erfahrungen nicht *irritieren*. Haben Sie sich von manchem in Erwägung gezogenen Berufsfeld etwas ganz anderes versprochen, oder stimmen die Erfahrungsberichte mit Ihren Vorstellungen zumindest weitgehend überein? Sie haben vielleicht auch schon ein Praktikum absolviert, das aber durchaus in einem anderen Berufs*segment* – wenngleich in demselben Berufs*feld* – liegen kann (etwa Verwaltung gegenüber praktischer Hilfstätigkeit) und nur sehr wenige Gemeinsamkeiten mit Ihrer gewünschten Tätigkeit hat.

Was immer Sie tun wollen, es empfiehlt sich in jedem Fall, zuerst mit Institutionen direkten Kontakt aufzunehmen, die auf dem gewünschten oder einem benachbarten Gebiet in der *Region* arbeiten.

Hierzu einige Beispiele:

So wäre einem auf dem Gebiet Jugend- und Sozialarbeit qualifizierten und interessierten Bewerber in jedem Fall anzuraten, sich mit sämtlichen Jugendzentren und -häusern im Umkreis bis zu 50 oder 100 km in seiner Region in Verbindung zu setzen. So etwas könnte man ohne weiteres telefonisch erledigen. Man stellt sich dem Leiter (der Leiterin) vor, erklärt, worum es sich handelt und bittet darum, wenn es in absehbarer Zeit einmal zeitlich einzurichten wäre, sich persönlich vorstellen zu dürfen, vielleicht auch mit dem Leiter oder der Leiterin selbst ein kurzes Gespräch führen zu können. Die Absicht, einmal auf dem Sektor arbeiten zu wollen, sollte man schon bei der ersten Kontaktaufnahme erkennen lassen. Beim Ansprechpartner sollte sich der Eindruck festsetzen, daß ein besonders engagierter und interessierter Bewerber schon monatelang vor dem eigentlichen Arbeitsbeginn sich um solide berufsbezogene Informationen und Kontakte bemüht.

Weiß jemand schon genauer, daß es ihn/sie in dieses oder jenes spezielle Berufsfeld zieht (etwa in die Arbeit mit behinderten Jugendlichen), dann sollte er/sie gezielt die dafür in Frage kommenden Organisationen oder Gruppen ansprechen. Solche Institutionen, Organisationen und Gruppen sind in der Regel bereit, Informationsgespräche zu führen. *Bieten Sie unter Umstän-*

*den auch eine Zeitlang ehrenamtliche Mitarbeit an.** Ihre Kontaktpartner sollen erkennen, daß Sie wirkliches Interesse an dem Inhalt der Arbeit haben und nicht in erster Linie irgendeinen Job suchen. Über diese Gespräche, die Sie nach Gegebenheit und besonderen Umständen von Fall zu Fall ausweiten können, werden Sie weitere wichtige Informationen bekommen, die Ihnen in irgendeiner Hinsicht nützlich werden können. Bei der derzeitigen Lage auf diesen Arbeitsmärkten können Sie es sich nicht leisten, auf noch so kleine und unscheinbare Informationspartikel zu verzichten, die Ihnen irgendwann helfen könnten.

Solche Kontakte vor dem richtigen Start im vorgesehenen Berufsfeld – seien Sie nun Anfänger oder Umsteiger – sind überdies hilfreich beim Abbau mancher beruflicher Illusionen. Vielleicht ist eine ehrenamtliche Gratisarbeit bei Institutionen des von Ihnen ins Auge gefaßten Berufsfeldes gerade unter diesem Aspekt nützlich und zahlt sich hinterher in mehrfacher Hinsicht wieder aus, nicht zuletzt wegen möglicher Vermeidung verlorener Berufsjahre und wegen Ausbleibens enttäuschter Berufserwartungen, die unweigerlich zu Frust und Resignation, zu frühzeitigem „Ausbrennen" führen würden.

In einem zu idealistisch und positiv gesehenen Berufsfeld (der eigene Idealismus projiziert sich hier fast ideale Arbeitssituationen) dient ein derartiger intensiver Kontakt mit zusätzlicher partieller Arbeitserfahrung (die doch der Ernstsituation zumindest sehr nahe kommt) der heilsamen Desillusionierung.

Fragen Sie auch immer, ob es möglich ist, wenn keine Praktikantenstelle angeboten werden kann, als „teilnehmender Beobachter" für einen oder mehrere Tage in Alltagssituationen der

* Ich bin mir der Problematik dieser Vorschläge vom Standpunkt gewerkschaftlicher Tariflohnabsicherung wohl bewußt. Mir scheint jedoch gerechtfertigt, jemandem, dem das berufliche Fortkommen zum existentiellen Anliegen geworden ist, auch solche Vorschläge zu machen, zumal ein derartiges Vorgehen durchaus zu tariflohngerechter Bezahlung führen kann (natürlich nicht in allen Fällen). Ein ähnliches Problem besteht auch im Falle nichtversicherungspflichtiger Teilzeitbeschäftigung. Ich will die gewerkschaftlichen Einwände nicht abtun, gebe jedoch zu bedenken, ob sie ausreichen können, eine/n längerfristig Erwerbslose/n von für das weitere berufliche Fortkommen wichtigen Praxiserfahrungen abzuhalten.

berufstätigen Mitarbeiter mit dabeizusein (sofern keine bestimmten Regeln dem entgegenstehen, sollte man sich eine solche Chance nicht entgehen lassen!). In vielen Fällen ist dieses Vorgehen durchführbar. Und Fragen kostet nie etwas.

Kehren wir nun doch noch einmal zu dem „Berufsfindungsmodell“ von Professor Lorenz Wolff zurück. Sehen wir uns einmal genau an, wie eine „Zielgruppenkurzbewerbung“ eines seiner Klienten aussieht:

Beispiel einer hinausgeschickten Zielgruppenkurzbewerbung:

Betr.: Lösung Ihrer Personalprobleme während der Urlaubszeit

Sehr geehrte Damen und Herren,

in den Sommermonaten treten auch für Ihr Unternehmen wieder erhebliche Personalprobleme auf. Die in der Urlaubszeit anfallenden Arbeiten müssen termingerecht erledigt werden, auch wenn sich die meisten Mitarbeiter in Urlaub befinden. Für die Überbrückung dieses Engpasses bietet sich eine fachgerecht ausgebildete Urlaubsvertretung an.

Nach einer abgeschlossenen Ausbildung als Industriekaufmann studiere ich Betriebswirtschaft an der Fachhochschule Köln. In den Semesterferien von Mitte Juli bis Mitte Oktober übernehme ich stellvertretend alle kaufmännischen Arbeiten, angefangen von Maschinenschreiben über Aufgaben im Rechnungswesen bis zu dispositiven Tätigkeiten. Darüber hinaus bin ich bereit, Überstunden zu leisten.

Meine Lehre absolvierte ich bei einem Hersteller für Niederspannungsschaltgeräte. Im Ausbildungsbetrieb arbeitete ich nach der Lehre ca. 3 Monate in der Buchhaltung und ca. 1 Jahr in der Werbeabteilung. Dort hatte ich das Adressiersystem zu betreuen.

Im Hauptstudium werde ich mich auf Marketing und Rechnungswesen, insbesondere Kostenrechnung, spezialisieren. Eine Kombination beider Bereiche halte ich für sinnvoll, da in der augenblicklichen konjunkturellen Situation stagnierender oder rückläufiger Nachfrage steigende Kosten gegenüberstehen.

Vielleicht könnte ich in den entsprechenden Abteilungen bzw. Arbeitsbereichen Ihres Hauses als Urlaubsvertretung arbeiten?

Wann darf ich deswegen, für Sie völlig unverbindlich, einmal bei Ihnen vorsprechen?

Mit freundlichen Grüßen

Diese Zielgruppenkurzbewerbung hat der junge Mann an folgende Unternehmen geschickt:

Anzahl	Branche
32	Elektroindustrie
36	Maschinenbauindustrie
24	Baugewerbe
7	Chemische Industrie
25	Sonstige
124	

Aufwendungen hatte er folgende:

DM	Material
1,75	Klebestift
3,75	Briefumschläge
13,60	Fotokopien
62,00	Briefmarken
2,00	Papier
2,00	Telefonate
2,30	Fahrgeld
87,40	

An Arbeit ergab das in Stunden:

4	für Adressen besorgen
5	für Adressen sortieren nach verwendbaren und nicht verwendbaren
8	für Adressen schreiben, Fotokopien unterschreiben Fotokopien kuvertieren, Kuverts zukleben
17	Stunden

Rechnet er den Wert der eigenen Arbeit mit 7,– DM pro Stunde, so beträgt der Wert des Arbeitsaufwandes 17 Std. x 7 DM/Std. = 119,– DM
Gesamtaufwand demnach 87,40 + 119,– = 206,40 DM.

Und das war der Ertrag von 124 Briefen, die er abgeschickt hat:

2	Briefe kamen zurück: „Empfänger unbekannt"
31	Unternehmen haben geantwortet (25 %)
2	Unternehmen waren sofort interessiert

Bei einem davon arbeitete er während der Semesterferien.

Den anderen Arbeitsplatz hat er an einen Kommilitonen abgetreten.[2]

Diese Zielgruppenbewerbung stammt nicht von einem Sozial- oder Geisteswissenschaftler, sondern von einem Betriebswirtschaftsstudenten. Warum sollte dieser findiger sein als jemand der erstgenannten Berufsgruppen? Der junge Mann hat auf diesem Wege (für einen Gesamtaufwand von rund 200,– DM) einen Arbeitsplatz während der Semesterferien erhalten, bei dem er das Mehrfache verdienen wird und – was weit wichtiger ist – aus dem er vielleicht einen festen Arbeitsplatz wird machen können, wenn er sich Mühe gibt und die gegebenen Versprechen einhält.

Das, was ich *Profilierungsprozeß* nenne, versteht sich nicht als ein für allemal auf abgeschlossene Berufseignungsprofile hinführende Entwicklung, im Gegenteil, es kann sich im Hinblick auf verschiedene Ziele (Berufsfelder und Berufsfeldgruppen) ganz unterschiedlich entwickeln, bei ein-und-dem-/der selben Bewerber/in, versteht sich. Ein solcher Prozeß mag 1,2 oder auch 3 Jahre dauern, er sollte in jedem Falle zu einer längerfristigen Beschäftigung führen, und zwar im gewünschten Berufsfeld (oder doch in einem diesem benachbarten Gebiet).

Vergessen Sie bei der Ausarbeitung Ihrer Zielgruppenbewerbung beziehungsweise während Ihres Profilierungsprozesses nie, der angepeilten Zielgruppe (die sich in der Regel als Firma, Institution oder Organisation präsentieren wird, so daß Sie sich in aller Regel an die leitenden Personen dieser Institutionen und so weiter wenden müssen) genauestens darzulegen, welchen konkreten Nutzen Ihre Mitarbeit aller Wahrscheinlichkeit nach für dieselbe haben wird. (Deswegen sind Vorerfahrungen, praktische Tätigkeiten in ähnlichen Feldern, Praktika und so weiter so nützlich). Mit anderen Worten verweisen Sie auf Ihre Fähigkeiten, aber nie so sehr dadurch, daß Sie behaupten, etwas in Zukunft tun zu wollen, *sondern vor allem mit dem deutlichen Hinweis darauf, was Sie in diesem Sektor bereits in der Vergangenheit getan haben.*

Aufschneiderei sollten Sie unterlassen, denn es gibt nichts schlimmeres, als für die Zukunft Angebote zu machen, die dann effektiv nicht eingehalten werden können.

Gesetzt den Fall, ich hätte folgendes „Grobprofil" für mich ermittelt:
Ich bin am stärksten an einer Arbeit mit jungen oder jüngeren Menschen interessiert, ich orientiere mich eher an Menschen, die soziale Probleme zu bewältigen haben, ich kann sehr gut Englisch, ich bin überzeugt, mich schriftlich gut ausdrücken zu können, ich bin in der sprachlichen Ausdrucksfähigkeit (Rhetorik) aber eher gehemmt, ich kann mich mittelgut konzentrieren, schließe Arbeiten meist relativ pünktlich – wenngleich unter Zeitdruck – ab, kann gut planen, habe eine eher kleine Fehlertoleranz.

Dieses „Selbst-Profil" qualifiziert zum Beispiel für eine Arbeit in Jugendgruppen oder Zusammenschlüssen von Jugendgruppen und Jugendverbänden (Bundesjugendring, Landesjugendring usw.) denken. Wie gelange ich nun zu Informationen über diese Organisationen?

Nehmen Sie einmal das „Taschenbuch des öffentlichen Lebens“ von A. Oeckl (vgl. Anmerkungen zu I.) zur Hand, in dem unter der Rubrik Jugend- und Studentenorganisationen seitenlang Institutionen der Jugendarbeit- und -hilfe aufgeführt sind. Mindestens 5 Millionen Jugendliche sind durch sie – also vom Bundesjugendring bis zum Deutschen Jugendschriftenwerk oder der Landespfadfinderschaft – erfaßt.

Nun nehmen Sie sich ausreichend Zeit, eine genaue Darstellung Ihrer wirklichen Fähigkeiten zu entwerfen (vor Übertreibungen kann nicht genug gewarnt werden!). Ihre Ausarbeitungen setzen Sie dann in eine interessante, gut lesbare (Maschinenschrift) und nicht zu lange Präsentation um und schicken diese an etwa zwei Dutzend ausgewählter Institutionen (nach Aspekten, die mit Ihrem Profil harmonieren sollten – also zum Beispiel, wenn Sie nicht katholisch sind, wenden Sie sich nicht an Verbände der Deutschen Katholischen Jugend).

Check-Liste für wichtige Aspekte des PROFILIERUNGSPROZESSES

Entwickelt bzw. entworfen/vorhanden/angestrebt JA	 NEIN	
		Grobprofil, dann Feinprofil, evtl. nach Gespräch mit Berufspsychologen Gespräch mit der Fachvermittlung
		Berufsfeld bzw. Berufsfeldsegment (genaue Bestimmung)
		Kontakt mit Institutionen (im Umkreis um 100 km) Informationsgespräche angeboten/nachgesucht
		Praktikum/Hospitanz/Volontariat (begrenzt) ehrenamtliche Mitarbeit
		Zielgruppenbewerbung (etwa für Ferienmonate)
		Darlegung des Nutzens für Institution/Firma bei Einstellung/vorübergehender Beschäftigung
		praktische/theoretische Vorerfahrungen

Würden Sie Ihren Brief etwa 25 Institutionen und Organisationen schicken? Sie meinen, das lohnt nicht? Ich habe es einmal versucht. Ich bekam schon eine knappe Woche danach die ersten Antworten, sehr ermutigende und positive Reaktionen.

Ein Beispiel: (Bund deutscher Pfadfinder)

„Uns erreichen in letzter Zeit immer häufiger Briefe, wie Deiner vom Juli dieses Jahres. Leider – ich sag's gleich vorweg – gibt's bei uns auch Probleme mit Stellen, und viele Leute aus unserem Verband warten auch darauf, daß mal wieder etwas frei wird oder eine neue Stelle geschaffen wird.

Manchmal klappt's ja auch – aber auch alles im Rahmen langfristiger Vorarbeiten und „alternativer" Regelungen über die Gehaltsfrage.

Es gibt Möglichkeiten, in Absprache mit den jeweiligen Landesverbänden selbst etwas aufzuziehen, und sich dann, wenn's in unseren Rahmen paßt, (der ist im alternativen Spektrum sehr weit über ABM oder Projektfinanzierungen) eine Zeitlang über Wasser zu halten.*

Also Einfälle und Taten sind gefragt! Vorstellungen über Projekte in den Landesverbänden, die von diesen befürwortet werden müssen, um zu befristeten Finanzierungen durchs Arbeitsamt (ABM-Arbeitsbeschaffungsmaßnahmen) zu kommen, müssen entwickelt werden. Initiativen sind zu konzipieren."

* Zu den Problemen, die sich bei Tätigkeiten im sog. alternativen Bereich stellen, vgl. den Beitrag von Lore Schultz-Wild (Kapitel 14)

Vom Mitarbeiter eines *Jugendinstitutes* erhielt ich folgendes interessante Schreiben:

„Feste Stellen sind naturgemäß rar, und in den Jugendverbänden gibt es meist verbandsinterne Anwärter für neu zu besetzende Stellen. Darum ist es das sinnvollste, verschiedene Verbände und deren Mitarbeiter kennenzulernen, denn vor allem durch persönliche Kontakte lassen sich entsprechende Möglichkeiten erschließen. Dabei wäre ggf. auch an eine ABM-Stelle zu denken."

Im folgenden werden eine Reihe weiterer Anwortschreiben auf meine spontane Anfrage bei verschiedenen Organisationen und Institutionen wiedergegeben:

„Ihr Schreiben belegt einmal mehr die Schwierigkeiten für junge Sozialwissenschaftler, angemessene Arbeitsplätze zu finden.

Leider ist auch der Bereich der Gewerkschaften und der Jugendverbände von den Auswirkungen der Arbeitslosigkeit nicht verschont geblieben. Aufgrund geringerer Beiträge haben fast alle Gewerkschaften geringere Einnahmen gegenüber den jeweiligen Vorjahren zu verzeichnen, mit der Hauptfolge, daß auch im Personalbereich Einsparungen vorgenommen werden müssen. Und die früher zu Recht beklagte starke Fluktuation von Mitarbeitern hat spürbar nachgelassen. Dies sind zwei ganz wesentliche Gründe dafür, daß es derzeit innerhalb der DAG-Jugend kaum noch bzw. erheblich seltener als bis vor wenigen Jahren vakante Positionen gibt, die für Sie adäquat wären.

Möglicherweise wird per Oktober 19.. die Stelle eines Jugendbildungsreferenten in unserer hessischen Landesjugendleitung neu zu besetzen sein. Ich habe deshalb Ihr Schreiben sowie eine Kopie dieses Briefes dorthin abgegeben mit der Empfehlung, daß man Sie ggf. von dort aus benachrichtigen möge."

„Auf Ihr Bewerbungsschreiben hin übersende ich Ihnen zunächst anliegend Informationsmaterial über die Arbeit unseres Werkes und lege ebenso einen Personalbogen, wie wir ihn verwenden, bei.

Ich bitte Sie, diesen ausgefüllt zusammen mit den üblichen Bewerbungsunterlagen mir baldigst einzureichen, wobei die Unterlagen genügen, die Sie zur Hand haben. Wir wollen Sie dann gerne bald zum persönlichen Gespräch einladen, um mit Ihnen gemeinsam zu prüfen, in welcher Weise eine Mitarbeit bei uns möglich wäre. Allerdings müßten Sie dann ggf. in das Jugenddorf zu uns ziehen, in welchem Ihre Aufgabenstellung dann auch vorhanden ist.

Nun erwarte ich erst einmal Ihre Unterlagen und begrüße es, wenn Sie sehr kurzfristig zu uns kommen."

„Das Deutsche Jugendherbergswerk beschäftigt einige sehr wenige Bildungsreferenten. Da in diesem Bereich alle Planstellen besetzt sind, sehe ich hier keine Chance in absehbarer Zeit.

Vielleicht prüfen Sie einmal mit Ihrer Frau, ob Sie ggf. Interesse an der Leitung einer Jugendherberge haben.

Die Landesverbände sind die wirtschaftlichen Träger der Jugendherbergen. Ihnen obliegt deshalb auch die Einstellung von Mitarbeitern der Jugendherbergen. Wir haben eine Anschriftenliste beigefügt, damit Sie ggf. eine Bewerbung einreichen können."

Es ist sehr wichtig herauszufinden, inwieweit Ihre Initiative wirklich honoriert wird oder inwieweit Sie nur „vertröstet" werden. Meistens werden Sie sehr schnell merken, ob die Antwort ausweichend ist, ob eigentlich ablehnend, wenngleich man das Ihnen nicht so direkt sagen möchte. Oft wird man Ihnen auch gleich einen Korb geben. Lassen Sie dennoch nicht nach mit Ihren Kontaktversuchen, manchmal kann es erst nach vielen Versuchen zum Erfolg kommen. Und ein Erfolg wäre es bei den heutigen

Bedingungen schon, wenn Sie einmal zum „Reinschauen" eingeladen werden. Ich will keineswegs zu optimistisch malen. Eine Garantie zum Erfolg enthält mein Vorschlag keineswegs. Vielleicht finden Sie auch einen eigenen Weg, der sich von diesem hier unterscheidet. Ihrer Energie sind sicher Grenzen gesetzt, Ihrer Phantasie sollten sie nicht gesetzt sein. Auf Angebote vom Arbeitsamt zu warten, ist jedenfalls kein Weg für Sie.

Knapp ein halbes Jahr später fand ich übrigens folgende Stellenausschreibungen in ein- und derselben Ausgabe der Wochenzeitschrift „Die ZEIT":

In der Geschäftsstelle der

BUNDESARBEITSGEMEINSCHAFT JUGENDAUFBAUWERK

– als Zusammenschluß der Trägergruppen der Jugendsozialarbeit auf Bundesebene –
ist möglichst zum **1. JULI 1986** die Stelle

eines **REFERENTEN** oder einer **REFERENTIN**

für den Bereich „Jugendberufshilfe" zu besetzen.

Die Stelle umfaßt u. a. folgende Aufgaben:
- Bearbeitung von Grundsatzfragen
- Beratung, Vorbereitung und Auswertung der Gremienarbeit
- Redaktionelle Mitarbeit
- Öffentlichkeitsarbeit
- Pflege von Kontakten

Zur Erfüllung dieser Aufgaben sind erforderlich:
- abgeschlossene Ausbildung als Sozialpädagoge, Sozialarbeiter oder Diplompädagoge
  Zusatzausbildung erwünscht
- Fachliche Kenntnisse im Bereich der Jugendberufshilfen
- Erfahrungen in verbands-, jugend-, berufspolitischer und förderungsrechtlicher Hinsicht
- Redaktionelle Erfahrungen
- Bereitschaft und Fähigkeit zur Teamarbeit

Die Vergütung erfolgt entsprechend der Vorbildung und Berufserfahrung nach dem BAT

Bewerbungen mit den üblichen Unterlagen sind bis zum 14. 2. 1986 schriftlich zu richten an:

Sven Borsche
Erster Vorsitzender
BUNDESARBEITSGEMEINSCHAFT JUGENDAUFBAUWERK
Haager Weg 44, 5300 Bonn 1

Der IB – INTERNATIONALER BUND FÜR SOZIALARBEIT – JUGENDSOZIALWERK e. V.

ist als freier Träger im Bereich der Jugendhilfe und -sozialarbeit sowie der beruflichen Bildung tätig.

In der Landesgeschäftsstelle in Düsseldorf ist kurzfristig die Stelle des

Personalreferenten(in)

neu zu besetzen.

Für den Landesbereich NW mit ca. 650 festen und 450 freien Mitarbeitern sind die in dieser Ebene zugewiesenen arbeits- und tarifrechtlichen Angelegenheiten selbständig zu bearbeiten, die Einrichtungen bei der Personalgewinnung und beim Personaleinsatz zu beraten, die Bewirtschaftung des Stellenplanes und die Personalförderung zu unterstützen.

Gesucht wird eine Persönlichkeit mit einem für die Aufgabe einschlägigen Hochschulabschluß und mehrjähriger Berufserfahrung in verantwortlicher Tätigkeit im Personalwesen. Verhandlungsgeschick, Kooperationsbereitschaft und Durchsetzungsvermögen sollten bereits erfolgreich praktiziert worden sein.

Die Vergütung erfolgt nach Verg.-Gruppe II a MTV-IB.

Bewerbungen sind bis zum 15. 1. 1986 zu richten an

Landesgeschäftsführer des IB
Nordrhein-Westfalen
Herrn W. Altkrüger
Quirinstr. 26
4000 Düsseldorf 11

Es handelt sich um zwei der Jugendverbände, die ich angeschrieben hatte. Im ersten Fall, dem Internationalen Bund für Sozialarbeit, erhielt ich, und zwar vonseiten der Filiale in H., seinerzeit folgenden Brief: „Von seiten unserer Personalabteilung wurden uns Ihre Bewerbungsunterlagen zugesandt. Da in unserer Einrichtung zur Zeit keine Planstelle frei ist, Sie jedoch an einer Tätigkeit auf Honorarbasis interessiert sind, bitte ich Sie, telefonisch mit uns Kontakt aufzunehmen, um einen Gesprächstermin zu vereinbaren."

Zu diesem Gespräch ist es dann doch nicht gekommen. Aber witzig ist, daß genau zur Zeit als die Annonce erschien, mir meine Unterlagen von der Hauptgeschäftsführung zurückgeschickt wurden mit der Bemerkung, man könne mir in absehbarer Zeit kein Angebot machen. Aber nun wäre mir wenigstens die Bewerbung an die Landesgeschäftsführung in Nordrhein-Westfalen „übriggeblieben", vorausgesetzt, ich hätte nach weiterer intensiver Suche von fünfeinhalb Monaten noch keine Tätigkeit gefunden. Der andere in der Jugendsozialarbeit tätige Verband, die Bundesarbeitsgemeinschaft Jugendaufbauwerk in Bonn hatte mir damals auch eine Antwort geschickt, mit folgendem Wortlaut:

„Wir danken Ihnen für o.a. Anfrage, mit der Sie Ihr engagiertes Interesse an unserer Arbeit bekunden. Im Rahmen der institutionellen Förderung durch den Bundesjugendplan sind unsere Haushaltsmittel durch den Bundesminister für Jugend, Familie und Gesundheit seit Jahren so festgelegt, daß alle Anträge auf personalwirtschaftliche Veränderungen von dort her keine Zustimmung fanden. Wenn sich diese haushaltsrechtliche Situation verändert, kommen wir von uns aus gern auf Ihr Angebot und auf Ihre Bereitschaft zu einer Mitarbeit zurück."

Also ein typischer „Vertröstungsbrief", der auch keine weiterführenden hilfreichen Informationen und Hinweise enthält.

Sie sind vielleicht überzeugt, daß ein solches Vorgehen nur in gewissen Berufsfeldern wie denen der Sozial-, Jugend- oder Verbandsarbeit Erfolg verspricht, da man hier häufig Teilzeit- oder Honorartätigkeit (von Ehrenamtlichkeit ganz zu schweigen) ausübt, nicht dagegen in anderen Berufszweigen, die anders organisiert sind, wie etwa die Privatwirtschaft. Nehmen wir einmal an, Sie suchen auf einem Gebiet wie dem der Verwaltung, dem Marketing, dem Sozial- oder Personalwesen eine Tätigkeit und bestehen nicht auf einer Anstellung im Öffentlichen Dienst, sondern suchen auch in der Privatwirtschaft.

Hier gibt es auch – mit einigen Modifikationen natürlich – eine derartige Möglichkeit.

Ich lernte eine junge Frau kennen. Sie hatte ihr Abitur gemacht und dann auf einer Fachhochschule einen betriebswirtschaftlichen Studiengang begonnen. Nach entsprechender Zeit legte sie ein Diplom-Examen ab. Im Anschluß daran studierte sie in England „Business Administration" – wie die Angloamerikaner sagen. Mit einem Fulbright-Stipendium ausgerüstet, besuchte sie für ein weiteres Jahr eine Universität in Kalifornien/USA. Von dort aus – mit einem „guten" Examen in der Tasche – fing sie bereits an, sich um Stellen zu bewerben, meist auf Annoncen in der FAZ hin.

Tatsächlich zeigten sich einige Firmen interessiert, mit ihr Kontakt zu halten, falls demnächst eine Stelle frei beziehungsweise ein Trainee-Programm beginnen würde. Hier wurde sie also „vertröstet".

Dann erinnerte sie sich ihrer Praktikanten-Zeit, sie hatte einige Jahre zuvor ein Praktikum in einer großen pharmazeutischen Firma absolviert. Sie brachte sich – nicht zuletzt mit ihrem sehr guten Praktikanten-Zeugnis – in Erinnerung und wurde einige Wochen später tatsächlich zu einem Vorstellungsgespräch eingeladen. Inzwischen hat sie eine Stelle im Bereich „Marketing" eben dieser Firma inne. In der Tat mag dieses Beispiel etwas irreführen. Es sagt jedoch eines aus:

Von nicht zu unterschätzender Bedeutung sind Praktikumserfahrungen in Firmen. Es können manchmal auch Ferienjobs sein. Wichtig ist nur, daß man das Innere eines Unternehmens gut kennengelernt hat und sich dann vornimmt genau zu überlegen: „Was kann ich dem Unternehmen nützen und wo mit welchen Chancen und Risiken?"

Dies Beispiel soll nicht überbewertet werden. Berufsaspiranten wie sie, also Betriebs- und Volkswirte mit statistischen und EDV-Kenntnissen, Absolvent(inn)en der Fachhochschulen für Technik und Wirtschaft haben heute gewiß mehr Probleme als vor zehn Jahren, die Konkurrenz ist größer geworden, es sind mehr Studienabsolventen bzw.Berufsanfänger arbeitslos als früher, aber dennoch ein zielstrebiger, praxiserfahrener Absolvent dieser Fachrichtungen wird über kurz oder lang eine Tätigkeit finden.

Ein weiteres Beispiel, damit mich niemand der Einseitigkeit bezichtigen kann:

Es geht um den immer bedeutsamer werdenden Bereich der *elektronischen Datenverarbeitung.*

Gerade hier sind die diversen Anwendungsmöglichkeiten nahezu unerschöpflich. Gerade hier fällt aber auch die Wahl zwischen relativ formellen Zugangsmöglichkeiten (Studium der Informatik etwa, dann Eintritt in ein Unternehmen) und eher informellen Möglichkeiten schwer. Manche Experten haben keine direkte Ausbildung, sondern sich Fach- und Sachwissen sowie Kompetenzen später angeeignet.

Der Gedanke, sich in diesem Sektor eine berufliche Existenz aufzubauen, einen eigenen Betrieb zu gründen, sich selbständig zu machen, liegt daher nahe.

Das moderne System an informationellen Technologien bietet einer größer werdenden Zahl von Interessenten vielfältige Möglichkeiten, bestimmte Leistungen anzubieten. Auch hier kann uns ein Beispiel weiterhelfen.

B. hatte Psychologie mit statistisch-empirischem Schwerpunkt studiert. Schwerpunktstudienfach war klinische Psychologie. Nun gibt es hier einige Berufsmöglichkeiten; es seien nur Kliniken, Krankenhäuser und Sanatorien beziehungsweise Kurkliniken genannt.

Aber B. wollte nicht in einer Klinik arbeiten, für eine Tätigkeit als freiberuflicher Beratungspsychologe war sein Interesse (und das finanzielle Polster) auch nicht groß genug. Außerdem lag sein Interesse eher bei der statistischen Auswertung von Daten als beim Kontakt und der Arbeit mit Menschen. Schon während der Abfassung der Diplomarbeit benutzte er einen Computer, nachdem er sich die wichtigsten Techniken der Computerarbeit selbst angeeignet hatte.

Durch Hinweise von Freunden ergab sich ein Kontakt mit einem großen Unternehmen. B. wurde eingeladen, sein Computerkonzept zur Eingabe und Auswertung diagnostischer Daten vorzustellen und näher zu erläutern. Nach längeren Verhandlungen – inzwischen hatte er eine eigene Firma gegründet – konnte er einen Werkvertrag mit dem Unternehmen unterzeichnen.[3]

Die vorhin erwähnte junge Frau, die dank eines vorangegangenen Praktikums einen Arbeitsplatz bekam, erzählte mir, daß von den zehn Mitbewerbern um die Stelle, für die sie sich beworben hatte, außer ihr nur zwei den Geschäftsbericht der Firma vorher angefordert hatten. Diese Tatsache wurde bei ihr und den zwei anderen sehr positiv vermerkt, das war ein Punkt mehr auf der Positivskala.

Wenn Sie diese und andere öffentlich zugängliche Unterlagen zuvor „studieren“, können Sie schon bei Ihrer Anfrage nach Arbeitsmöglichkeiten durch qualifizierte Fragestellungen positiv auffallen. *Honoriert wird solch ein informiertes Fragen immer.*

Sie sollten eine Systematik entwickeln, wie Sie für die unterschiedlichen in Frage kommenden Bereiche/Berufsfelder/Jobs sich informatorisch vorbereiten. Ob Sie nun Klarsichtmappen anlegen, ob Sie Aktenordner nehmen oder andere Ordnungssysteme, bleibt Ihrem Geschmack oder Ihrem Geldbeutel überlassen: aber irgendetwas dieser Art sollte es sein. Vermeiden Sie, die Materialien irgendwo auf einen Haufen zu werfen, aus dem Sie dann mühselig nach Bedarf die benötigten Unterlagen hervorziehen müssen. Sie organisieren sich ein kleines „Hausbüro", in dem Sie nach wenigen Sekunden die jeweiligen Unterlagen finden.

6. Kapitel

Ihr Profil muß erkennbar sein

Vielleicht wollen Sie Ihr Glück mit einer selbst aufgegebenen Anzeige in regionalen und überregionalen Zeitungen und Zeitschriften versuchen. Schwer zu sagen, ob es sich für die hier vor allem angesprochenen Berufsgruppen (insbesondere Geistes-, Sozial- und Kulturwissenschaften) lohnt. Man kann es ja zwei-, dreimal versuchen. Häufiger hat es sowieso keinen Sinn, weil potentielle Arbeitgeber dann erfolglose Kandidaten wittern. Aber wenn Sie es tun sollten, dann ist meiner Meinung nach auf folgendes zu achten:

Eine genaue Profilausarbeitung und -darstellung ist unverzichtbar.

Wenn Sie jemandem Ihre Dienste anbieten wollen, müssen beide – Sie selbst und der andere – sich im klaren sein, was Sie genau können (oder gut lernen könnten), um genau der (die) richtige am richtigen Platz zu sein. Ihr *Qualitätsprofil* muß also klar und präzise sein. Sie sollten sich hierbei alle Mühe geben, eventuell mehrere Wochen darauf verwenden, um genauestens herauszupräparieren, wo Ihre *Stärken* (die sie ja jemandem anbieten) zu finden sind. Es bedarf hierzu nicht einer Inflation angeblicher Vorzüge (manche Anzeigen sind peinliche Selbstpreisungen), sondern einer gut fundierten Darstellung Ihrer genau definierten Fähigkeiten. Also nicht etwa: Großes Organisationstalent, hohe Verantwortungsfähigkeit (-freude), Flexibilität (was immer das ist), Einsatzbereitschaft (wird sowieso erwartet), Arbeitsfreude (die muß man nicht extra betonen) und so weiter, sondern präzise:

Etwaige Kenntnisse des technischen oder kaufmännischen Fachenglisch (-französisch), betriebswirtschaftliche und Buchhaltungskenntnisse, Teilnahme an Praktika (genau nennen), Sprachkenntnisse. Gerade diese sind immer nützlich. Habe ich schon einmal an der Lösung bestimmter Probleme erfolgreich gearbeitet? Zum Beispiel wobei? Die Aufgaben genau benennen (nicht übertreiben, eher sachlich-unterkühlt beschreiben). Es ist zum Beispiel fraglich, ob folgende Annonce (aus der „ZEIT“) auf gesteigertes Interesse bei potentiellen Arbeitgebern stößt:

„42jähriger Diplom-Päd., ortsungebunden (das ist sowieso heute Voraussetzung jeder Job-Suche; P.K.), kreativ, flexibel, handwerklich geschickt, langjährige Berufserfahrung als Geschäftsleiter, Lehrer, Gruppenleiter mit Verhaltensauffälligen, Lernbehinderten, Behinderten. Planung und Durchführung von Therapie, Erziehungs-, Bildungs-, Freizeitprogramm, Krisenintervention, Arbeit mit Familien, Senioren, Randgruppen, Personalführung und Teamarbeit, weitere Kenntnisse und Erfahrung in der Heimerziehung, Pflegeverhältnis, Produktion, Industrie und Handwerk, Englisch fließend, Türkisch, Italienisch, Französisch, Grundkenntnisse, sucht verantwortungsvolle Aufgabe.“

Mein Gott, wird mancher sagen, wenn der soviel drauf hat, wie er behauptet, warum sucht der dann per Anzeige einen Job? Das ist scheinbar im Bereich der Jugend- und Sozialarbeit ein Alleskönner! Was gibt es, das er nicht kann? Aber die Vielseitigkeit hat ihre Haken: Hier findet man kaum noch durch, es gibt scheinbar nichts, was der Mann nicht schon gemacht hat. Das ist Überfütterung mit Informationen, der Mann hat kein deutliches Profil mehr. Daß er das eine oder andere der genannten Dinge kann beziehungsweise schon gemacht hat, wird niemand bezweifeln, aber die Frage ist doch: Kann er das alles gleich gut? Was heißt übrigens schon Grundkenntnisse in Türkisch oder Italienisch? Ist damit gemeint, daß er „Guten Tag" oder „Auf Wiedersehen" sagen kann oder kann er sich mit türkischen oder italienischen Jugendlichen wirklich unterhalten? Diese Annonce ist ein gutes Beispiel dafür, daß jemand meint, durch Häufung von „qualifizierten" Informationen (wie soll das gewichtet werden) zu einer Stelle zu kommen. Ist es wahrscheinlich, daß sich eine Institution gerade auf solche vermeintlichen „Tausendsassas" einläßt? Ein schmaleres Spektrum würde mit Sicherheit eher einen potentiellen Arbeitgeber ansprechen, aber so dürfte der Erfolg gering sein.

Ähnlich katastrophal eine weitere Annonce (ebenfalls aus der „ZEIT"), aber nun das andere Extrem:

„Soziologin, 35 Jahre, sucht Tätigkeit im Medienbereich."

Glaubt diese Bewerberin wirklich, es werde sich daraufhin jemand melden? Der Rundfunk oder eine Illustrierte? Der Fehler liegt auf der Hand! Die Frau gibt so gut wie gar keine Informationen! Weder, ob sie einen Abschluß hat, noch ob sie fertig studiert hat, ob sie promoviert, welche Schwerpunkte sie im Studium aufweist. Diese Annonce ist verschenktes Geld. Es wäre eine Sensation, wenn sich auf diese Annonce ein wirklich interessierter Arbeitgeber melden würde, eine noch größere, wenn er aus dem Medienbereich stammen würde. Von einem deutlichen Profil ist hier nichts erkennbar.

Im ersten Beispiel ist *das Profil überdimensioniert und verwischt,* im zweiten Fall dagegen *gar nicht vorhanden.*

Auf den ersten Blick vorbildlich erscheint dagegen folgende Anzeige:

Diplom-Soziologin, 26 Jahre, Studienschwerpunkt empirische Sozialforschung und Sozialpsychologie, mehrjährige Tätigkeit in einer Werbeagentur, Abteilung Marktforschung, gute Englisch- und Französischkenntnisse, journalistisches Praktikum, sucht ausbaufähige Anfangsposition.

Es zeichnet sich zwar ein klares Profil ab! Ein interessierter Arbeitgeber kann sich ein relativ gutes Bild von den Fähigkeiten der Interessentin machen.

Dennoch ist die Annonce nicht „optimal" formuliert. Bei genauerem Lesen und Überlegen entdeckt „der Experte" nämlich Unklarheiten und Informationslücken. So stellt sich erstens die Frage, ob die junge Frau die Tätigkeit in der Werbeagentur *während oder nach* dem Studium ausgeübt hat (was Rückschlüsse auf die Intensität der Arbeit zuläßt und für einen potentiellen Beschäftiger nicht unwichtig ist), zweitens fragt sich ein genauer Leser, *was konkret* die Soziologin in der Marktforschung getan hat (also z.B. lediglich Interviews oder auch konzeptionelle Arbeit), ferner will man erfahren, *wo* sie das journalistische Praktikum abgeleistet hat – also Zeitung, Zeitschrift, Rundfunk oder Fernsehen – und *wie lange* es gedauert hat. Viertens wäre es für einen möglichen Arbeitgeber auch wichtig zu wissen, *in welchen Berufsfeldern* sie eine Anfangsposition sucht. Daß ein potentieller Interessent diese lediglich abzuleiten brauche aus den gegebenen Hinweisen auf Studium und Tätigkeit in der Werbeagentur, ist nicht stichhaltig. So eingeschränkt wird selbst die „Anbieterin" ihre Berufseinstiegsmöglichkeiten nicht definiert haben wollen. Drei, vier oder fünf eigens genannte Berufsfelder oder -segmente wären hier sinnvoll gewesen.

Die im folgenden gezeigte kleine Auswahl von Bewerbungsanzeigen enthält vorbildlich formulierte Anzeigentexte:

DIPLOM-BIOLOGE/ REFA-ING.

46 J., Botanik, Mikrobiologie, Biochemie, Virologie sowie Ökologie, Naturschutz, Hydrobiologie, Umweltbelastung der Biosphäre (insb. Luftverunreinigung u. Umwelteinflüsse auf Gewässer), Biozidabbau im Boden, Bodenmikrobiologie. Erfahrung in Organisation, Normung, Systemanalyse. Programmierung (COBOL) – wissenschaftl. Tätigkeit, sucht Tätigkeit vorzugsweise im Bereich Umwelt- und Naturschutz.

ZU [redacted] DIE ZEIT, Postfach 10 68 20 2000 Hamburg 1

LEHRER / KOCH

39 J., ev., verh., 3 K., Wirtschaftsabitur, 1. u. 2. Examen Erziehungswissenschaft, Soziologie; Deutsch, Sozialkunde, 8 J. Unterrichtserfahrung an GS und OS, Deutsch für Ausländer, Kochkurse. Berufserfahrung als Koch, Kochprüfung. z. Zt. als Koch tätig, sucht seiner Ausbildung entsprechende Arbeit im Bildungswesen, Ausbildungseinrichtung, Jugendarbeit. Raum Hamburg, Großraum Lüneburger Heide. ZD [redacted] DIE ZEIT, Postfach 10 68 20, 2000 Hamburg 1

Lehrerin, 27, Sek. II, Deutsch, Sowi, sehr gute Engl.-Kenntn. sucht Tätigkeit an Privatschule o. in Erwachs.-Bildung, a. Ausland, beide Staatsex. sehr gut, Tel. [redacted]

ZG [redacted] DIE ZEIT, Postfach 10 68 20, 2000 Hamburg 1

BAUASSESSOR (Tiefbau)

1. und 2. Staatsexamen: Gut

29. J., verh., sucht Arbeit in Verwaltung od. Wirtschaft im Bereich Straßenplanung, -verkehrstechnik, -bau, Ingenieurbau, Raumplanung, Stadtbauwesen bzw. Verwaltungsrecht. ZC [redacted] DIE ZEIT, Postf. 10 68 20, 2000 Hamburg 1

Linguistin

27, M. A., Anglistik, Mathematik, Päd., je ein Jahr in USA, England, Frankr., langj. Erf. in Erwachsenenbildung, sucht Tätigkeit bevorzugt in Computer-Branche (ling. DV etc.) oder Lehre, Forschung, Verlag, Medien.

ZK [redacted] DIE ZEIT, Postfach 10 68 20, 2000 Hamburg 1

LITERATUR ENGLISCH-DEUTSCH

Literarisch interessierte Übersetzerin würde gern englische Belletristik (auch Lyrik) sowie andere Texte ins Deutsche übertragen. Langj. Erfahrung. Arbeitsproben auf Wunsch. ZD [redacted] DIE ZEIT, Postfach 10 68 20, 2000 Hamburg 1

Wie das folgende Beispiel zeigt, gestaltet mancher Bewerber eine Annonce sehr verschieden, je nachdem, wen er ansprechen will: Daß der Bewerber in beiden Annoncen derselbe war, zeigte die identische Telefonnummer, die wir aus rechtlichen Gründen nicht angeben können.

Akademiker

43 J., langj. Auslandaufenth., Engl. u. Franz. perfekt, Sprachkenntn. Ital. u. Schwed., dynamisch, vielseit. Interessen, unabhängig, nicht ortsgebunden, PKW, sucht Einsatzmöglichkeit u. Aufgaben im In- oder Ausland. Angebot: ☏ [redacted] oder Zuschr. unter ✉ [redacted]

Docktor of Philosophy, 43, sucht n. langj. Auslandsaufenthalt **ZUSAMMENARBEIT** mit Psychologe/in, Heilprakt., Diätsanatorium, o.ä. Angebote unter ✉ ZF [redacted] oder ☏ [redacted]

Ob das hilft? Man kann's ja probieren.

7. Kapitel

Muß ich alles tun, was bei Bewerbungen verlangt wird?

Dies ist – beziehungsweise sollte es eigentlich sein – für Sie im Grunde das überflüssigste Kapitel des ganzen Buches, denn es geht nicht um Inhalt, sondern „bloß um Form". Wer seine Bewerbung hastig-handschriftlich, Blätter mit Eselsohren und so weiter abschickt, wird sich nicht wundern dürfen, daß er nicht einmal zur Vorstellung eingeladen wird und daß ihm höflich-kalt die Unterlagen kommentarlos zurückgesandt werden.

Hierher gehört auch der sprichwörtliche Kaffeefleck auf dem Bewerbungsbogen, von Rechtschreibfehlern ganz zu schweigen. Lassen wir es deshalb bei diesen Hinweisen bewenden und zu einigen wirklichen Problemen übergehen.

Jeder Bewerber beziehungsweise jede Bewerberin sollte – um das deutlich zu sagen – vorher das „Einmaleins" der Bewerbungsformalitäten gelernt haben. Wer hier noch Unsicherheiten verspürt, kann sich bei jedem Arbeitsamt oder jeder Fachvermittlung kostenlos beraten lassen. (Einige Buchhinweise sind im Anhang zu finden.)

Es geht um zwei andere Dinge. Einmal um die Frage, wie weit man bei bestimmten Ausleseverfahren in Firmen „private und intime Details" preiszugeben braucht, und zweitens inwieweit man verpflichtet ist, neben Berufseignungstests auch Tests zu absolvieren, die die Persönlichkeit des Bewerbers/der Bewerberin „erfassen" sollen. Gegen alles, was um die Berufseignung herum zentriert ist (Intelligenz, Anpassung, Leistung), können Sie nichts machen, wenn der künftige Arbeitgeber Sie darauf testen will. (Fragen Sie hinterher in jedem Fall nach der Testauswertung!) Aber Fragen, die sich eindeutig (oder zweideutig) auf Ihre Intim- oder Privatsphäre beziehen, (nach dem Muster: Haben Sie oft nachts Alpträume?) brauchen Sie auf keinen Fall (mit Ausnahme: verheiratet oder ledig, Kinderzahl) zu beantworten.

Das Problem liegt in der oft nicht möglichen Abgrenzung von Leistungs- und Qualitätsmerkmalen auf der einen sowie „Persönlichkeits- und Charaktereigenschaften" auf der anderen Seite. Leistungs- und Qualifikationstests werden von kaum jemanden abgelehnt, wenn sie sich auf berufs- und arbeitsplatzrelevante Anforderungen beziehen, zum Beispiel Konzentrationstests bei künftigen Fluglotsen. In vielen Berufen stellt dies kaum ein ernsthaftes Problem dar. Wie aber soll eine Firma etwa die Eignung von Flugpersonal testen, das *nicht nur* technische Aufgaben hat, zum Beispiel von Stewards und Stewardessen? Das Persönlichkeitsmerkmal „Zuverlässigkeit" wird hier zum Eignungskriterium. Schwieriger wird die Sache, wenn sogenannte intime Aspekte der Person einbezogen werden, etwa Fragen nach dem Sexualverhalten. Die aktuelle Diskussion um die Krankheit „AIDS" zeigt, wie problematisch solche Fragen sind.

Wenn Sie also nach dem Vorstellungsgespräch einen solchen „Persönlichkeitstest" vorgelegt bekommen, dann haben Sie das gute Recht, ihn zu verweigern, nur wird sich das garantiert negativ auf Ihren Stand im Bewerbungsverfahren auswirken, konkret, Sie werden sich dadurch selbst jede Chance nehmen. Wenn Sie unsicher sind, ob es sich um einen solchen Test handelt, sollten Sie versuchen, mit den anwesenden Mitgliedern der Personalabteilung ein Gespräch darüber zu führen. Erscheint Ihnen die „Aufklärung" nicht ausreichend, könnten Sie darum bitten, daß Ihnen Bedenkzeit eingeräumt wird. In dieser Zeit könnten Sie sich gezielter informieren und auch rechtlich besser absichern. Die Rechtslage wird allerdings als unklar beschrieben. In Einzelfällen wurden „reine Psycho-Tests" nach amerikanischem Vorbild durch richterliche Entscheidung als unzulässig für Einstellungsverfahren abgelehnt. Dennoch konnten sich Firmen immer wieder solcher Tests bedienen.

Viele große Firmen (vor allem multinationale Konzerne) testen ihre zahlreichen Bewerber(innen) inzwischen in sogenannten *„assessment centers"*.

Dabei handelt es sich um ein Beobachtungsverfahren, in dem mehrere Beobachter (der Firma) die Bewerber(innen) in simulierten Handlungssituationen, die jedoch realitätsnah sind, nach verschiedenen Dimensionen von „Leistung" (Kreativität, Kompetenz, Kommunikationsfähigkeit, Lösungsfähigkeit, Problembewußtsein, Handlungsfähigkeit und so weiter) beobachten, diese Beobachtungen anschließend auswerten und interpretieren.

Das Informationsorgan der Bundesanstalt für Arbeit, „UNI-Berufwahlmagazin", schrieb darüber:

„Fallstudien, Diskussionen, Rollenspiele, simulieren betriebliche und menschliche Situationen, in denen sich jeder Teilnehmer gegenüber einem Mitbewerber profilieren kann. Die Gruppe wird durch Psychologen und Führungskräfte des Unternehmens beobachtet, die nach Ablauf der Veranstaltung (meist 2 Tage; P.K.) eine Rangfolge der Seminarteilnehmer erstellen.

Sinn des „Spiels" ist die Simulation einer Vielzahl firmentypischer Prozesse, also die Konzentration einer betrieblichen Probezeit auf wenige Stunden (oder Tage; P.K.). Kontrolliert wird unter dem Streß der Prüfungssituation und dem „Beschuß" der Mitbewerber das Verhalten des einzelnen Beteiligten. Die gefundenen Einschätzungen sind nach Auffassung von Psychologen und Personalleitern recht zuverlässig, da sie objektive wie subjektive

Eindrücke gleichermaßen abdecken. Für die Unternehmen ist diese Methode zweifellos die teuerste, zum Beispiel ist ein Beobachter für jeweils zwei Kandidaten eingeteilt."

Damit umgehen die Firmen im Grunde die umstrittenen beziehungsweise verbotenen Persönlichkeitstests.

Denn worauf das Ganze hinausläuft, das beschreibt ein Manager der Deutschen Unilever GmbH, der deutschen Tochter des zweitgrößten Lebensmittelmultis der Welt, so:

„Bei der Deutschen Unilever GmbH werden die Einstellungsgespräche durch einen allgemeinen Leistungstest (keine Tiefenpsychologie) und zwei Gruppendiskussionen im Rahmen eines zweitägigen Auswahltests ergänzt. Bei der Gruppendiskussion, die zwischen zirka acht Bewerbern über ein gestelltes Thema erfolgt, werden diese durch entsprechend ausgebildetes Personal hinsichtlich formaler, sachbezogener und *gruppendynamischer* Fähigkeiten beobachtet.

Durch eine simultane Betrachtung von Bewerbungsunterlagen, Testergebnissen und Diskussionseindruck soll ein *Gesamtbild der Persönlichkeit* erlangt werden, das es der Personalabteilung ermöglicht, den Bewerber aufgrund objektiver Kriterien abzulehnen oder einer der „companies" der Deutschen Unilever vorzuschlagen. Erst bei einem letzten Gespräch in der vorgeschlagenen „company" wird schließlich über die Einstellung eines Bewerbers entschieden." (Zit. nach UNI-Berufswahlmagazin, 5/84, S. 31)

Grundsätzlich gilt: Sie sollten sich bei Zusammenstellung aller schriftlichen Bewerbungsunterlagen und besonders dem (vielleicht) anschließenden Bewerbungsgespräch größtmögliche Mühe geben. Die meisten Firmen sieben gnadenlos jeden aus, der sich mehrerer, oftmals auch nur eines Stil- und Formfehler(s) schuldig gemacht hat. Ob zu recht oder zu unrecht, viele Personalleiter bilden sich ein erstes, schwer zu korrigierendes Bild von der Persönlichkeit des Bewerbers/der Bewerberin nach den Unterlagen, dem Bild und dem Anschreiben. Wer sich dem nicht aussetzen will, muß über Alternativen nachdenken.

8. Kapitel

Sich-Selbständig-Machen: Der Ausweg?

Das zuvor erwähnte Beispiel des freiberuflichen Psychologen, der sich mit einem Arbeitskonzept zur Computerauswertung diagnostischer Daten an Firmen gewandt hatte und dann nach längerem Geduldsspiel einen Werkvertrag mit einem Unternehmen abschließen konnte, gibt das Stichwort für das folgende Kapitel: Selbständigwerden beziehungsweise Sich-Selbständig-Machen. Hunderttausende von Klein- und Kleinstfirmen sind in den letzten Jahren gegründet worden, ein erheblicher Teil (bis zu 30 und mehr Prozent) ist aber auch wieder verschwunden. Sie haben dem erheblichen Konkurrenzdruck nicht standhalten können. Ein solcher Schritt erfordert reiflichste Überlegungen. Hier geht es nicht nur um persönlichen Einsatz (der ist ganz selbstverständlich: 12-Stundentage sind die Regel, nicht die Ausnahme), sondern auch um erhebliche Geldsummen, die vom Firmengründer eingebracht werden müssen, um geschäftsfähig beziehungsweise „kreditwürdig“ zu sein. Und dann geht es weiter um Kreditsummen, die bei Erfolglosigkeit aber „verloren“ gehen und dann unter enormer Anstrengung über Jahre hinweg zurückgezahlt werden müssen. Bevor Sie, sei es als Absolvent eines Hochschulstudiums oder als längerfristig tätiger Angestellter eines Unternehmens diesen Schritt wagen, sollten Sie sich nicht allein über ihre psychische Belastbarkeit oder über ihre flüssig zu machenden Vermögensreserven im klaren sein. Sie müssen sich selbst sehr ehrlich, genau und intensiv prüfen, ob Sie diesen Weg einschlagen wollen und können.

An dieser Stelle wollen wir keine Auflistung der finanziellen, juristischen und organisatorischen Voraussetzungen einer selbständigen Existenzgründung geben. (Siehe dazu Kapitel 12) .

Informationsmaterial allgemeinerer Art und Entscheidungshilfen sind bei allen Industrie- und Handelskammern, beim Bundesministerium für Wirtschaft in Bonn beziehungsweise beim Juniorenkreis der Deutschen Wirtschaft (im Rahmen des Deutschen Industrie- und Handelstages in Bonn) zu bekommen.[4]

Grundsätzlich ließe sich (mit einiger Überspitzung) sagen, daß jemand, der sich erst durch solches Informationsmaterial zur Existenzgründung anregen lassen würde, fehl am Platze ist. Diese Idee muß schon längst vorher „fast ausgereift" sein, bevor man an die Feinplanung gehen kann.

Wenn Sie allgemeine Überblicksinformationen beziehen möchten, um sich einmal unverbindlich zu orientieren, so stehen Ihnen zum Beispiel über 100 Branchenbriefe aus verschiedenen Berufen beziehungsweise Branchen zur Verfügung, die Sie gegen eine Gebühr von DM 5,– pro Stück beim Branchencomputerdienst einer Volks- und Raiffeisenbank bestellen können.

Und falls Sie – als derzeit Erwerbsloser – mit Ersparnissen im Rücken an die Existenzgründung denken sollten: In einem solchen Fall bekommen Sie nur die staatlichen Zuschüsse und Förderungskredite, wenn Sie a) mindestens zehn Wochen lang Leistungen vom Arbeitsamt bezogen haben und b) eine positive Stellungnahme einer fachlich kompetenten und anerkannten Institution – zum Beispiel der Industrie und Handelskammer – oder eines anerkannten Unternehmensberaters vorlegen können.

Etwas anders verhält es sich mit freiberuflich tätigen Akademikern beziehungsweise Hochschulabsolventen in beratenden und helfenden Berufen wie Rechts- und Steuerberater, Rechtsanwalt, Psychologe, Psychotherapeut, Architekt, Arzt oder Apotheker.

Hier ist angesichts der „Überfüllung" auf diesen „Dienstleistungsmärkten" eine klare Unterscheidung zwischen traditionellen „Existenzgründungen" beziehungsweise „Niederlassungen" (etwa der Ärzte und Apotheker sowie von Steuer-, Wirtschafts- und Rechtsberatern) und neuen, oft „alternativ" genannten „Selbständigen" manchmal schwierig. Viele Juristen etwa, die früher auch mit schlechteren Examensnoten noch in den Staatsdienst gelangten, müssen heute „draußen" bleiben. Da gibt es wirklich oft keine andere Wahl, als eine weitere (mehr unfreiwillige als echt gewollte) Existenzgründung als Rechtsanwalt, Steuerberater oder sonstiger Rechtsberater vorzunehmen. In der Tat ist es auf diesen Gebieten am schwierigsten, einen sinnvollen Rat zu geben. Es ist bekannt, daß viele dieser „neuen Selbständigen" gerade so das nötige Minimum verdienen, um die freiberufliche Existenz nicht wieder aufgeben zu müssen. Oft stammt ein Teil des Einkommens aus Verdiensten des Partners.

Eine nicht geringe Zahl muß allerdings auch wieder aufgeben. Natürlich ist besonders der Anfang schwer. Ein Bekannter fing zum Beispiel so an, daß er einem bereits etablierten Anwalt, der allerdings auch noch nicht üppig verdiente, honorarfrei zuarbeitete, um Praxiserfahrungen zu sammeln. Erst nach einem Jahr konnte er – nun in Kooperation mit einem zweiten Anwalt – eine Praxis eröffnen, d.h. Räume mieten und eine Büroaustattung anschaffen.

Diese Neugründungen bleiben – mit Ausnahme der großen Mehrheit der Arzt- und Apothekerniederlassungen – grundsätzlich instabil, es sei denn, es gelingt aufgrund einer echten Marktlücke (zum Beispiel im Patent- oder Lizenzrecht) ein Durchbruch. Das aber dürfte die große Ausnahme sein und wohl auch bleiben.

Was über die Anwälte gesagt wurde, gilt mit gewissen Modifikationen weitgehend auch für das größer werdende Angebot an Leistungen von Psychologen und Psychotherapeuten.

9. Kapitel

Weiterbilden bringt Vorteile

Fähigkeiten und Fertigkeiten, welche die in Studium und Ausbildung erworbenen Kenntnisse ergänzen, können auf einem „wählerisch" gewordenen Arbeitsmarkt oft Pluspunkte bedeuten. Es geht hierbei nicht so sehr um die auf formellem Wege, oft „zwangsweise" hinzu erworbenen Kenntnisse aus Fortbildung oder Umschulung (siehe dazu auch Kapitel 13). In diesem Fall meine ich vielmehr eigeninitiativ gesammelte „Pluspunkte", wie zum Beispiel sehr gute Fremdsprachenkenntnisse, EDV-Kenntnisse (natürlich sollte man auch hierbei am Ende Zertifikate vorweisen können), PKW- oder LKW-Führerschein oder attestierte Praktikanten-Zeiten in Unternehmen oder Institutionen.

So kann es einem/einer angehenden Sozialwissenschaftler/in nur nützen, einmal in einer Institution oder Behörde (zum Beispiel statistisches Amt, Versicherungsanstalt usw.) einige Wochen praktische Tätigkeit zu leisten (zum Beispiel als Ferienjob), einem/einer Hochschulabsolvent/in späterhin zugute kommen, in einem Betrieb oder einem Unternehmen als Praktikant gearbeitet zu haben, einem angehenden Arzt sehr helfen, bei ärztlichen Hilfsdiensten als freiwilliger Helfer mitzumachen, einen künftigen Architekten „realistischer" werden lassen, wenn er in eine Planungs- oder Baufirma hineinschnuppert (zum Beispiel über ein Betriebspraktikum).

Ähnlich ist es auch möglich, bei Interesse für den Journalismus in Rundfunkanstalten oder bei Tages- und Wochenzeitungen zu hospitieren, d.h. gegen geringes Entgelt oder ohne Bezahlung sich einige Wochen in verschiedenen Ressorts umzusehen, eigene Ideen zu entwickeln und gegebenenfalls zu publizieren. Dies ist eine Möglichkeit, mit einem Medium vertraut zu werden, bevor man sich überlegt, ob man hier unbedingt arbeiten möchte. Allerdings sind Hospitanz- und Praktikumsplätze in den öffentlich-rechtlichen Anstalten oft auf Jahre hinaus „ausgebucht". Etwas besser sieht die Lage bei Tages- und Wochenzeitungen aus, wenngleich das kein Trost für abgewiesene Bewerber ist.[5] Bei Tageszeitungen kommt meist die Bedingung hinzu, daß man am Ort wohnen muß, um zu bestimmten Terminen schnell hinkommen zu können und dann wieder ebenso schnell in die Redaktion zu gelangen. Aber selbst eine erfolgreiche Hospitanz oder Praktikantenzeit bietet keine Gewähr, in eine feste Mitarbeiterstelle zu „rutschen". Als

„freier" Mitarbeiter/in kann man es natürlich immer versuchen, aber vom äußerst schmalen Zeilenhonorar bei Zeitungen oder Zeitschriften kann niemand leben. Das ist eher möglich, wenn man als freie(r) Mitarbeiter(in) bei Rundfunkanstalten oder gar beim Fernsehen ankommt. Das kann auf verschiedenem Wege geschehen: entweder, indem man Manuskripte zu verschiedenen Themen produziert und diese dann einer Abteilung (für Kultur, Politik, Wissenschaft oder ähnliches) zuschickt, mit der Bitte um Prüfung des Manuskripts. Muß man länger als vier Wochen auf Antwort warten (was die Regel ist), sollte man schriftlich oder telefonisch nachfragen.

Wer sich weiterqualifizieren will, muß vor allem darauf achten, daß er nicht buchstäblich an die „falsche Adresse" gerät. Es gibt auf diesem Sektor bei den Anbietern von Weiterbildung viele unseriöse Geschäftemacher, deren Qualifikation im umgekehrten Verhältnis zu ihren Preisen steht. Eine sehr gute Gewähr, um sich vor solchen unsoliden Geschäftemachern zu schützen, bietet die Information über Weiterbildungsangebote, die die Stuttgarter „Aktion Bildungsinformation" e.V. (ABI) herausgibt. Sie hat in erster Auflage 1984/85 einen Überblick berufsbezogener Weiterbildungsmöglichkeiten herausgegeben. Es handelt sich dabei im wesentlichen um den kaufmännischen und gewerblichen Bereich und hier wieder um Bildungsgänge für Fach- und Führungskräfte. „ABI" e.V. hat jedoch auch Übersichten der Fortbildung in anderen Tätigkeitsfeldern erarbeitet, so zum Beispiel für *Sprachreisen,* für Angebote im *Fernunterricht,* für Ausbildungswege zum *Heilpraktiker* und zur *Kosmetik.* Dies alles ist jeweils für wenige Mark bei der Aktion Bildungsinformation e.V. in Stuttgart zu erhalten.[6]

Eine spezielle Übersicht wurde auch für Weiterbildungsangebote auf dem EDV-Sektor erarbeitet und herausgegeben. Sie erschien in der ersten Auflage im Januar 1985.

Im folgenden ein Beispiel:

Datenverarbeitungskauffrau/-kaufmann

Zugangsvoraussetzungen:	Guter Hauptschulabschluß und Englischkenntnisse. Vorteilhafter: Mittlerer Bildungsabschluß, Fachhochschulreife oder Abitur
Dauer und Unterrichtsform:	Betriebliche Ausbildung; im dualen Ausbildungssystem drei Jahre, die Dauer kann je nach Art der schulischen Vorbildung um 1/2 bis ein ganzes Jahr verkürzt werden. Als Umschulungsmaßnahme dauert der Lehrgang zirka 18 Monate (Vollzeit), zirka 2.400 Unterrichtsstunden zuzüglich eines 1-3-monatigen Betriebspraktikums.

Bildungsaufbau-/Inhalt:	Die betriebliche Ausbildung gliedert sich in drei Abschnitte, der erste Abschnitt wird in der DV-Abteilung, der zweite Abschnitt in kaufmännischen Abteilungen und der dritte Abschnitt wieder in der DV-Abteilung verbracht. Im kaufmännischen Teil der Ausbildung werden folgende Schwerpunkte gesetzt: – Betriebswirtschaft – Organisation – Rechnungswesen im Datenverarbeitungsteil – Datenverarbeitungstechnik – Datenverarbeitungsorganisation – Programmierung
Abschluß:	Die Ausbildung endet mit einer Abschlußprüfung vor der Industrie- und Handelskammer
Finanzielle Förderungsmöglichkeit:	Nach AFG (Umschulungsmaßnahme), sonst keine, da Ausbildungsvergütung
Tätigkeitsschwerpunkte/Einsatzmöglichkeiten:	Je nach Aufgabenverteilung innerhalb eines Betriebes/einer Verwaltung kann der Schwerpunkt der beruflichen Tätigkeit – im Programmieren – im Operating – oder in der kaufmännischen/verwaltenden Sachbearbeitung liegen. In kleineren Betriebs- und Verwaltungseinheiten kann der DV-Kaufmann/-die DV-Kauffrau in allen drei genannten Bereichen tätig sein.
Weiterbildungs- und Aufstiegsmöglichkeiten:	Eine Spezialisierung in „Problemanalyse“ und „Systemplanung“ (EDV-Organisator/Systemanalytiker) oder zum Systemprogrammierer als auch zum staatlich geprüften Betriebswirt-EDV ist möglich.

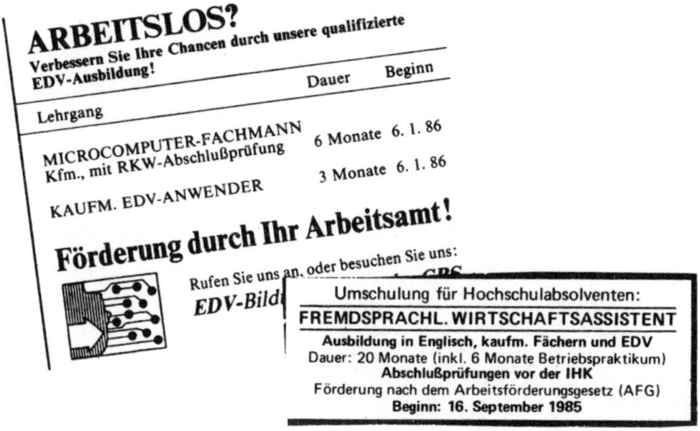

Speziell für Sozialwissenschaftler/innen geeignete Weiterbildungsangebote, die zumindest weitgehend seriös sein dürften, sammelt der Berufsverband Deutscher Soziologen (BDS). In der Schriftenreihe des BDS wurde eine Übersicht mit Trägerverzeichnis, Bildungsangeboten, Programm- und Bedarfsanalyse veröffentlicht: Hans Herbert Klönne/Brigitte Bürger, (Hrsg.) „Fortbildungs- und Aufbaustudienangebote für Sozialwissenschaftler in der BRD", Bielefeld 1984.[7] Sicher gibt es solche (zum Teil auch kritisch geprüfte) Übersichten auch für andere Berufsfelder wie zum Beispiel Wirtschaftswissenschaften und Philologie. Es seien nur einige Beispiele genannt, um darauf aufmerksam zu machen, daß so etwas seit einigen Jahren regelmäßig publiziert wird. In guten Hochschul- und Stadtbibliotheken kann sich jede/r auf dem Laufenden halten.[8]

Die Aktion Bildungsinformation e.V. wurde genannt, weil sie gemeinnützig ist und keine Profitinteressen verfolgt. Die Publikationen der „Frankfurter Allgemeinen Zeitung" werden hier erwähnt, weil sie irgendwo dazwischen stehen, aber für beruflich Interessierte Informationen von großem Wert sind: Wer sich für gezielte berufliche Weiterbildung beziehungsweise „zukunftssichere" Berufe interessiert, der erhält einen breiten Überblick durch die alle paar Jahre aktualisierte „Laufbahnberatung", die zum Beispiel Berufsplanung erleichtern will.[9]

Für jüngere Leute, die sich über ihre berufliche Zukunft noch nicht ausreichend informiert haben, sind auch die Berufsportraits der FAZ lesenswert, die regelmäßig jeden Montag in der Zeitung zu finden sind. („Was werden?“)

Über 300 solcher, zum Teil ganze Berufsfelder abdeckende Portraits, wurden (mit teilweise neuesten Trends) in einem Berufe-Handbuch veröffentlicht („Was macht eigentlich ein. . .?“, FAZ-Berufe-Handbuch, Frankfurt/M., 1985).

Für mehr karrierebewußte „Aufsteiger“ ist das FAZ-Daten-Karriere- und Kursblatt von Interesse, das eine repräsentative Analyse (Computerauswertung) des Stellenanzeigenmarktes der FAZ für Fach- und Führungskräfte vorstellt, welche realistisch die Arbeitsmarktverhältnisse widerspiegelt.

Außerdem gibt es seit kurzem „START“ (Count down) für Aufsteiger und Zukunftsplaner, das Gründe für oder gegen Arbeitsplatzwechsel diskutiert, Marktanalysen enthält, Vorschläge zur Bewerbung und Vorstellung macht und Übergangsfragen bei Arbeitsplatzwechsel mit Check-Liste behandelt.

Beides ist über den Bewerber-Service der FAZ, Postfach 29 01 (10 08 08), 6000 Frankfurt/M. zu beziehen.

Anmerkungen zu II.

1 Lorenz P. Wolff: Berufszielfindung und Studienstrategie, Anregungen zum Studium und Selbststudium für Studenten, Schüler, Berufswechsler. Mit Chancen-Matrix.
Zu beziehen über: GABAL (Gesellschaft zur Förderung anwendungsorientierter Betriebswirtschaft und aktiver Lehrmethoden in Fachhochschule und Praxis e.V.) Dudenhofer Str. 46, 6720 Speyer, Tel. 06232/9 29 18.

2 So gab es bis Ende 1985 das „Stellenjournal"-Untertitel: Wirtschaftsmagazin für den qualifizierten Personalbereich, das sich ständig mit Bewerbungsfragen und Arbeitsmarktentwicklungen (sektoral) befaßte und in dem Stellengesuche von Bewerbern bundesweit für DM 5,– abgedruckt wurden. Auf Anfrage im Herbst 1986 hieß es, daß es unter dem Titel „Zukunft" in neuer Aufmachung in Frankfurt/M erscheinen solle. (Anschrift: Buch-, Zeitschriften- und Verlags G.m.b.H., Hanauer Landstr. 161, Tel. 069/43 01 11)

3 Zu Werk-, Honorar- und Dienstverträgen:
Ein *Werkvertrag* ist ein Vertrag, durch den sich ein „Unternehmer" bzw. Selbständiger als Hersteller zur Fertigstellung eines definierten Werkes, ein Besteller (als Kunde) zur Zahlung eines vereinbarten Entgeltes verpflichtet (nach § 632 BGB). Im Gegensatz zum Dienstvertrag bedeutet ein Werkvertrag, daß der „Hersteller" oder „Unternehmer" über die bloße Tätigkeit hinaus einen Erfolg schuldet, sei es die Herstellung eines Bauwerks, eines Kunstwerks oder auch eines Gutachtens. Ersterer verpflichtet sich, das bestellte Werk termingemäß und mängelfrei herzustellen. Der Kunde hat bei festgestellten Mängeln Recht auf Nachbesserung. Ist das Werk mängelfrei und termingemäß abgeliefert, hat der Kunde zu zahlen. *Honorarverträge* schließen Angehörige sämtlicher freier Berufe ab, wie Rechtsanwälte, Steuerberater, Künstler, Sänger, Publizisten, Journalisten, Schriftsteller u.ä. Sie werden mit großen Institutionen (Volkshochschulen, Akademien, Medien, d.h. Rundfunk- und Fernsehanstalten, Zeitungen) ebenso abgeschlossen wie mit Privatfirmen aller Art. Der zu „Honorierende" schließt den Vertrag über eine genau definierte Aufgabe (Seminar, Manuskript, Gutachten, Musik- oder Gesangsstück(e), Auftritt usw.) ab, in dem hauptsächlich die Bezahlung und eventuell andere Ansprüche geregelt sind. Der Abschluß eines Honorar- oder Werkvertrages begründet kein Arbeitsverhältnis im Sinne des Arbeits- oder Tarifvertragsrechts. Das Honorar wird – ebenso wie die Bezahlung des

Werkvertrags – erst nach Abschluß der vereinbarten Leistung (manchmal wird auch ein Teilhonorar nach Lieferung oder Fertigstellung eines Teils der geforderten Leistung entrichtet) gezahlt. (Nach §§ 611 und 631 BGB)

Am nächsten dem Normalarbeitsverhältnis kommt dagegen der *Dienstvertrag.* Er ist ein Vertrag, durch den ein Partner zu einer bestimmten (körperlichen und/oder geistigen) Leistung, der andere zur Bezahlung dieser Leistung sich verpflichtet. (Nach § 611 BGB)

Der sich zu einem bestimmten Dienst Verpflichtende hat die Leistung im Regelfall persönlich zu erbringen, dabei muß er die Weisungen des „Dienstherrn" – also des Auftraggebers – befolgen. Bei schuldhafter Nichterfüllung der Dienstpflicht kann die Bezahlung ganz oder teilweise verweigert werden.

Mit dieser Art Dienstvertrag, der abhängige und weisungsgebundene Arbeit (wie bei der Lohnarbeit) einschließt und meist zeitlich befristet ist – bei Verlängerungen sollte man auf Festanstellung drängen – wird kein Anspruch auf tarifvertragliche Bezahlung begründet. Daneben gibt es noch den freien Dienstvertrag, z.B. bei Ärzten, der die Arbeitszeit zur Erbringung einer Leistung nicht bestimmt und auch die hierfür erforderliche Tätigkeit nicht an Weisungen bindet.

4 Bundesministerium für Wirtschaft, Postfach 100, 53 Bonn. Juniorenkreis der deutschen Wirtschaft, Adenauerallee 148, 53 Bonn, Tel. 0228/10 40.

Wer detailliertes Material haben will, sollte sich an das Referat Öffentlichkeitsarbeit des Bundesministeriums für Wirtschaft wenden: Villemombler Str. 76, 53 Bonn 1. Die Anschriften der Industrie- und Handelskammern beziehungsweise Handwerkskammern entnehmen Sie bitte den örtlichen Telefonbüchern.

5 Wer sich dafür interessiert und sich einen vollständigen Überblick über die in der in frage kommenden Region erscheinenden Presse- und Werbepublikationen verschaffen möchte, sei auf den sogenannten „STAMM" verwiesen. Der „STAMM"-Leitfaden durch Presse und Werbung ist ein Presse- und Medienhandbuch, in dem periodisch erscheinende Druckschriften sowie alle Werbemöglichkeiten in der Bundesrepublik Deutschland und auch die wichtigsten des Auslands verzeichnet (d.h. nachgewiesen und kurz beschrieben) sind, unter Angabe der Redaktionsmitarbeiter und -mitarbeiterinnen. Die vorerst letzte (37.)Ausgabe erschien 1984 im Stamm-Verlag GmbH, Essen.

6 Aktion Bildungsinformation, e. V., Alte Poststr. 5, 7000 Stuttgart 1, Tel. 0711/22 59 59 oder 22 36 82. Die Übersicht über die EDV-Weiterbildungsmöglichkeiten kostete im Sommer 1985 DM 16,50

(plus DM 2,– Versandkosten), die Übersicht der berufsbezogenen Weiterbildungsseminare DM 17,50 (1. Auflage 1984/85).

7 Zu beziehen über den Berufsverband Deutscher Soziologen (BDS), c/o Universität Bielefeld, Postfach 86 40, Fakultät für Soziologie, Universitätsstr. 25, 4800 Bielefeld.

8 Bei den Weiterbildungsmöglichkeiten sollten auch Fernstudienangebote einbezogen werden, zum Beispiel die der Fernuniversität Hagen oder der Hochschule für Berufstätige-Staatlich anerkannte Fachhochschule der Akademikergesellschaft für Erwachsenenfortbildung in Stuttgart, die seit 1981 ein berufsbegleitendes Studium mit Fernstudienanteilen und Präsenzphasen anbietet.
Wer sich über die Seriosität der Fernlehrinstitute Gewißheit verschaffen möchte, wende sich an die Staatliche Zentralstelle für Fernunterricht der Länder der Bundesrepublik Deutschland (ZFU), Peter-Welter-Platz, 5000 Köln 1, Tel. 0221/23 55 38 oder 23 55 39.
Sie ist die zuständige Behörde für die Zulassung von Fernlehrgängen.
Wer sich über Weiterbildungsmöglichkeiten an den Hochschulen und Universitäten informieren möchte, der kann sich an sogenannte Kontaktstellen für Weiterbildung wenden, zum Beispiel die Kontaktstelle für Weiterbildung an der Gesamthochschule Kassel (GhK), z.Hd. Dr. Peter Faulstich, Postfach 10 13 80, 3500 Kassel 1 oder die Kontaktstelle für wissenschaftliche Weiterbildung der Universität Mannheim, z.Hd. Prof. Barbara Hopf, Postfach 24 28, 6800 Mannheim 1.
Natürlich hat die Weiterbildungseuphorie ihre Pferdefüße: Wie Peter Faulstich in einem Beitrag für die „Frankfurter Rundschau" (im Januar 1985) zur Weiterbildungsproblematik richtig bemerkt, muß die „Problemlösungskapazität von Strategien, mit Weiterbildung auf Arbeitslosigkeit zu reagieren, zunächst einmal skeptisch beurteilt werden", weil – wie er sicher richtig sieht – die Arbeitslosigkeit nicht in erster Linie als Qualifikationsproblem gedeutet werden könne. Denn „weder durch bildungspolitische Umsetzungsversuche noch durch arbeitsmarktpolitische Nischenstrategie" sei das „Problem der generellen Knappheit an bezahlten Arbeitsplätzen zu lösen". „Angesichts der „Überfüllung" in allen Erwerbsbereichen stoße eine „rotierende Qualifikationspolitik rundum an Grenzen": Arbeitslose Pädagogen erhalten zusätzliche kaufmännische Kompetenz, arbeitslose Kaufleute erhalten zusätzlich pädagogische Kompetenz, und beide Gruppen erhalten keine Arbeitsplätze oder verdrängen andere. Man geht von einem Wartesaal in den anderen, ohne je den Sackbahnhof zu verlassen." Vieles, was Peter Faulstich hier kritisiert, ist sicher richtig. Doch ist es gleichwohl übertrieben, von einem einzigen „Sackbahn-

hof" zu sprechen. Der bisher arbeitslose Pädagoge hat sicher größere Chancen, auf einem Nebengleis den Sackbahnhof zu verlassen, wenn er eine kaufmännische Zusatzausbildung hat als ohne diese. Und der arbeitslose Kaufmann ist sicher genauso gut beraten, wenn er eine Zusatzausbildung beginnt wie der Pädagoge. Nur dürfte es sinnlos sein, sie als pädagogische Weiterbildung anzulegen, für den Kaufmann wäre gewiß eine EDV- Zusatzausbildung besser. Es stecken in manchen polemischen Überspitzungen sicher Wahrheiten, aber auch gefährliche Vereinfachungen.

9 DIE LAUFBAHNBERATUNG der FAZ erscheint laufend, d.h. wird jeweils aktualisiert. Sie orientiert über berufliche Einsatzgebiete mit Zukunft. So erschien Anfang der 80er die Serie „Bewerber fragen die FAZ" (Folge 1-100), deren 2. Teil sich mit Bewerbungstechniken befaßte.

Die wichtigsten Kapitel seien hier genannt:

Bewerben von Jungakademikern
Nach dem Zusatzstudium arbeitslos
Sofort verfügbar
Verpackung I und II
Erste Kontaktaufnahme
Dauerbewerber
Formulierungen in Zeugnissen I und II
Bewerbungen für Positionen im Öffentlichen Dienst
Verteidigung der Chiffre-Anzeige (I, II, III)
Bewerberauswahl (I, II, III)
Die erste Vorstellung (I, II, III)

Der 3. Teil behandelt juristische Bewerberfragen und Probleme des Vertragsabschlusses.

Empfohlen sei auch noch das informative Buch von Jens Born, Bewerben mit Erfolg, Tips für Stellensuchende und Aufsteiger, F. Englisch Verlag Wiesbaden, 1982.

III. So hole ich mir die richtigen Informationen

10. Kapitel

Informationen zur Berufsfindung

(Rainer Hahn)

In diesem Abschnitt soll auf verschiedene Möglichkeiten hingewiesen werden, sich zu informieren über Ausbildung, Beruf, Arbeitssuche und Marktchancen.

Die dabei wichtigsten Entscheidungen, die ich fällen muß, lauten:

1. In welchem Bereich will ich arbeiten?
2. Will ich als abhängig Beschäftigter arbeiten oder mich irgendwie selbständig machen?

Grundlage für die 1. Entscheidung sind meine Neigungen, meine Ausbildung, meine gegenwärtigen Berufsaussichten und meine zukünftigen Berufschancen.

Außer schulischen Erfahrungen und selbst festgestellten Begabungen hilft bei der Feststellung der Neigungen der psychologische Beratungsdienst der Arbeitsämter. Die dort durchgeführten Tests werden von viel zu wenigen wahrgenommen. Sie sollten so etwas in Anspruch nehmen oder einen der „Selbsttests" durchführen, wenn Sie sich über ihre Fähigkeiten nicht genügend im klaren sind. Spiegelbild der gegenwärtigen Berufsaussichten ist der regionale und sektorale Arbeitsmarkt, ablesbar an Stellenanzeigen ebenso wie an den umfangreichen und detaillierten Statistiken der Bundesanstalt für Arbeit.

Größere Arbeitsämter verfügen über berufskundliche Informationseinrichtungen, in denen man sich über Ausbildung für und Alltag in verschiedenen Tätigkeitsfeldern durch einschlägige Literatur und optische Medien informieren kann. Den wohl umfangreichsten Überblick über die gesamte Ausbildungs- und Berufssituation in unserer Republik bietet das „Referat für berufs- und arbeitskundliche Information und Dokumentation" der

Bundesanstalt für Arbeit[1], das mit über einem Dutzend Mitarbeitern für Publikumsanfragen gerüstet ist.

Jeder, der über den Tellerrand hinauszusehen gewohnt ist, fragt natürlich nach den Zukunftsaussichten in einem Beruf. Aber wie das so mit Prognosen ist: niemand kann wirklich für seine Aussagen garantieren, die Antworten sind Vermutungen auf der Basis heute feststellbarer Trends, welche sich im Laufe der Jahre auch ändern können.

Einige, meist isolierte Voraussagen bieten private Sozialforschungsunternehmen, wie zum Beispiel die Baseler Prognos AG, die Heidelberger „Arbeitsgruppe für empirische Bildungsforschung" und verschiedene andere Institute. Eine gründliche Information zu so ziemlich allen relevanten Gebieten kann ich am ehesten erhalten vom „Institut für Arbeitsmarkt- und Berufsforschung"[2] (IAB) der Bundesanstalt für Arbeit, mit etwa 150 Mitarbeitern. Eine fast 20 Personen starke Arbeitsgruppe „Dokumentation und Information" verfügt dort über eine große Datenbank mit Literatur-, Forschungs- und Institutionendokumentation zu allen Fragen, die sich um Wirtschaftsentwicklung, Berufsqualifikation, technische Entwicklung, Rationalisierung und räumliche Arbeitsverteilung drehen.

Komme ich nach Benutzung der hier angeführten Informationsquellen zu der Überzeugung, daß meine Ausbildung entweder nicht meinen Neigungen oder Fähigkeiten entspricht, oder meine Zukunftsaussichten mit dieser Ausbildung weit unter meinen Begabungen und Erwartungen liegen, dann prüfe ich die Möglichkeiten von Weiterbildung oder Umschulung. Das ist die Domäne der Arbeitsämter, in Zusammenarbeit mit einer Vielzahl örtlicher und auch überregionaler Bildungseinrichtungen. Für die Auswahl der Umschulungsrichtung ziehe ich wieder einen Teil der oben angegebenen Quellen heran.

Die Arbeitsämter verfügen über Listen mit Ausbildungseinrichtungen, – doch Vorsicht: die billigsten müssen nicht die besten sein. Da die Arbeitsämter ihre Umschulungskurse öffentlich ausschreiben und meist das billigste Umschulungsinstitut den Zuschlag erhält, sind die Qualitätsunterschiede recht groß. Es besteht, durch diese Arbeitsamtstrategie hervorgerufen, die Tendenz zur Beschäftigung nebenamtlicher Lehrkräfte. Mit dem

Abbau qualifizierter Arbeitsplätze des Lehrpersonals gehen eine geringer werdende Ausbildungsqualifikation und damit geringere Arbeitsmarktchancen einher; – wer sich über die Unterrichtsinstitute genauer informieren will, schreibe an die Stuttgarter *„Aktion Bildungsinformation"* (ABI)[3] – (Vgl. S. 85). Ich darf keinesfalls vergessen, mich auch beim Arbeitsamt nach den Förderungsmöglichkeiten im Bereich Weiterbildung oder Umschulung zu erkundigen. Mal gibt es nichts, mal werden nur Kursgebühren und Unterrichtsmaterialien bezahlt, mal kommen Fahrkosten, Essens- oder Übernachtungszuschüsse hinzu, – im Idealfall erhält man Unterhaltsgeld. Seit 1983 ist die Umschulungszeit keine aktive Rentenzeit mehr, wird aber bei der Rentenversicherung als Ausfallzeit anerkannt.

Da die Förderungsarten abhängen von den persönlichen Voraussetzungen, der Weiterbildungsmaßnahme selbst und den gerade gültigen rechtlichen Bestimmungen, kann hier im Einzelnen nicht darauf eingegangen werden, – die Arbeitsberater verfügen über detaillierte Informationen. Ein wichtiger Hinweis: da man erst nach jeweils drei Berufsjahren (im „alten" Beruf) eine Umschulung finanziert bekommt, soll man es sich gründlich überlegen, ob man einen kleineren beruflichen Qualifizierungskurs, etwa bei der Volkshochschule, nicht besser aus der eigenen Tasche bezahlt, falls man bald danach eine „echte" berufliche Umschulung anschließen will.

Obwohl sich Informationsquellen für Angestellte und Unternehmer in einem Berufsfeld teilweise überschneiden, ist der Informationsbedarf ein grundsätzlich verschiedener: Den potentiellen Angestellten interessiert in erster Linie, wo welche Firma oder Institution ihn vielleicht beschäftigen könnte, den zukünftigen Unternehmer interessieren dagegen Produktdaten und Marktanalysen.

Aus diesem Grunde werden hier die *Zugriffsmöglichkeiten auf Informationen* für beide Personengruppen getrennt dargestellt.

11. Kapitel

Informationen zur Arbeitssuche

(Rainer Hahn)

a) Arbeitsamt

Ich habe mich also für ein Berufsfeld entschieden, weiß auch, auf welchem Qualifikationsniveau ich etwa arbeiten will, – nun kann ich meine Suche nach einem geeigneten Arbeitsplatz beginnen.

Selbstverständlich melde ich mich erstmal beim *örtlichen Arbeitsamt „arbeitssuchend“,* bei qualifizierteren Berufen auch beim *regionalen „Fachvermittlungsdienst“.* Das nicht nur, weil sich manchmal dort noch eine Chance auftun kann, sondern auch, weil ich mich durch die Abfassung „gediegener“ Bewerbungsunterlagen dazu zwinge, alle Aspekte meiner Ausbildung, meines beruflichen Werdegangs und meiner Qualifikationen zu überdenken. Dabei lerne ich, meine Fähigkeiten in Kurzfassung so prägnant darzustellen, daß gewöhnlich überarbeitete Chefs sich ohne Nachdenken ein aussagefähiges Bild des Bewerbers machen können, welcher möglichst gut auf eine entsprechende Stelle paßt.

Das einmal für das Arbeitsamt erstellte *Bewerbungsmaterial bildet die Basis für meine schriftlichen Bewerbungen,* – jeweils abgewandelt auf die spezifischen Erwartungen hin.

Eine meiner ersten Entscheidungen ist räumlicher Art: Bin ich auf meine Stadt/Region fixiert, auf ein bestimmtes Bundesland, bin ich bereit, bundesweit zu arbeiten, auch im Ausland? Die Antwort führt mich zur Auswahl der *ersten Gruppe von Informationsquellen: Zeitungen und Zeitschriften.*

b) Stellenanzeigen

Bei nur regionaler Suche durchforste ich lediglich den Stellenmarkt der Orts- und Regionalpresse, auch die Alternativpresse bringt manchmal Stellenangebote, allerdings wenig lukrative. Bei überregionaler Suche nehme ich mir, außer der Wochenzeitung „Die ZEIT" (erscheint donnerstags) die Wochenendausgaben von „Frankfurter Rundschau", FAZ, „Süddeutsche Zeitung", „Westdeutsche Allgemeine Zeitung", und „Die Welt" vor. Die Quittungen hebe ich für das Finanzamt auf. Dabei mache ich mir natürlich keinerlei Illusionen. Eine Anzeige muß nicht unbedingt bedeuten, daß man einen neuen Mitarbeiter sucht. Es kann auch, besonders bei öffentlichen Einrichtungen, bedeuten: „Wir haben schon jemanden, sind aber rechtlich gezwungen, die Stelle öffentlich auszuschreiben." Das merkt man sofort, wenn zwischen Erscheinungsdatum und Einsendeschluß nur vielleicht eine Woche liegt.

Es kann auch bedeuten: „Schaut her, liebe Konkurrenz, Gläubiger und Lieferanten, es geht uns so gut, daß wir personell noch expandieren!" In Wirklichkeit sind schon die ersten Entlassungen geplant. Also Imagepflege! Manche Firmen inserieren auch in der in den Arbeitsämtern ausliegenden Wochenzeitschrift „Markt und Chance". Ist man ohnehin dort, empfiehlt sich auch ein Blick in den Angebotsbestand an den auf den Fluren aufgestellten Sichtgeräten.

Eine fachlich gezieltere Anzeigensuche ist in Fachzeitschriften möglich. Herausgeber können Gewerkschaften und Berufsverbände ebenso sein wie Parteien (für hauptamtliche Mitarbeiter), Kirchen (für den kirchlich-konfessionellen Sozialbereich), regionale und nationale Fachverbände der Wirtschaft, Kammern oder Fachverlage. Soweit interne Mitteilungsblätter von größeren Firmen oder Institutionen (ab mehreren tausend Angehörigen) nicht zu selten erscheinen, kann man sich durch deren Bezug unter Umständen über interne Ausschreibungen informieren. Und wer sagt mir, welche Fachzeitschrift für mich interessant ist?

- der für meine Berufsgruppe zuständige Gewerkschaftssekretär am Ort
- ein wissenschaftlicher Mitarbeiter der für mich „zuständigen" Kammer, zum Beispiel örtlichen Industrie- und Handelskammer (IHK)
- eine schriftliche Anfrage bei den für meinen Beruf infrage kommenden Industrie- oder Wirtschaftsverbänden (Adresse im „Oeckl")[4].
- bereits „werktätige" Kollegen. Ich suche im Branchenverzeichnis nach entsprechenden Firmen und verlange die Entwicklungs- oder Marketing- oder PR-Abteilung, – dort eventuell den stellvertretenden Leiter. Bestimmt hat er solche Zeitschriften auch im internen Umlauf, die ich möglicherweise ausleihen kann.
- der Zeitschriftenkatalog der nächsten Universitätsbibliothek/Stadtbücherei
- die holländische Firma „swets subscription service"[5], welche eine Aufstellung aller auf der Welt erscheinenden Periodica erstellt hat und aktualisiert. Man kann sie auf Microfiche bestellen, jeweils sortiert nach Titel, Erscheinungsland oder Fachgebiet.

Zur letztgenannten Quelle ein Beispiel: Ein/e erwerblose/r Architekt/in bestellt von „swets" nur die Microfiche-Seite „Architecture", geht zum nächsten Lesegerät (in Bibliotheken) und sucht dort die seinen räumlichen und fachspezifischen Interessen entsprechenden Zeitschriften heraus. Da diese meist teuer sind, trifft er/sie nach Durchsicht einiger Archivexemplare in den Bibliotheken eine Auswahl, hauptsächlich nach dem Vorhandensein von Stellenausschreibungen.

Da aktuelle Ausgaben in Firmen wie Bibliotheken oft wochenlang im internen Umlauf „schmoren", komme ich um den Kauf oft nicht herum. Da viele Verlage für Studierende und in Ausbildung stehende junge Leute Rabatte einräumen, die sie auf direkte Anfrage sicher auch auf Erwerbslose ausweiten, empfiehlt sich ein Abonnement auf 6-12 Monate. Neben dem Überblick über den sektoralen Arbeitsmarkt, den ich durch diese Zeitschriftenlektüre erhalte, bleibe ich auch fachlich auf dem laufenden, – was ich ruhig auch bei Bewerbungen einfließen lassen kann.

Kann ich mir auch ein verbilligtes Abonnement nicht leisten, dann muß ich entweder versuchen, vom Arbeitsamt einen Zuschuß zu bekommen oder mich geschickt über Kontakte bei Firmen/Institutionen am Ort in den „internen Umlauf einschleusen".

Ist mein solcherart erworbenes Anzeigenvolumen sehr groß, dann frage ich bei meinem Arbeitsvermittler im Arbeitsamt, beziehungsweise dem Fachvermittlungsdienst, welche Periodica dort ausgewertet werden, und in welchem Fall ich von dort einen Hinweis erhalte. Ich kann so Doppelarbeit eventuell vermeiden.

Der nächste Schritt in der aktiven Stellensuche ist das *Eigeninserat.* Die Fachvermittlung kann manchmal solche Anzeigen in der überregionalen Presse finanzieren und mir raten, in welchen Print-Medien (Zeitungen und Zeitschriften) ich die optimale Verbreitung erreiche. Vielleicht hilft mir bei der Beantwortung dieser Frage ebenso wie bei der Anzeigengestaltung ein Personalsachbearbeiter einer Firma, mit der ich schon zu tun hatte.

Auch der *Zeitpunkt des Inserates* ist nicht unwichtig. In Ferienzeiten geht es meist unter, Anstellungsbeginn ist meist quartalsweise. Die Auswahlzeit von Bewerbern von mehreren Wochen muß man dann abziehen, um den optimalen Zeitpunkt zu errechnen. (Aber vielleicht ist man auch im Juli der einzige Bewerber?)

Manchmal finde ich bei Stellenausschreibungen als Inserenten nicht den Stellenanbieter, sondern Unternehmensberater oder sogenannte Personalberater. Wenn ich nun einigen solcher Beratungsfirmen mehrere komplette Bewerbungssets schicke und mein mögliches Einsatzgebiet etwas ausweite, kann ich auf diese Art den normalen Anzeigenmarkt umgehen, denn deren Beratungsklientel streut meistens über mehrere Branchen und Regionen. Die wichtigsten Adressen dieser Berater habe ich schnell zusammen, wenn ich an ein paar Wochenenden die überregionale Presse durcharbeite. – Leichter habe ich diese Auswahl mit Hilfe des „Hoppenstedt“[6], gegebenenfalls elektronisch über „DATA-STAR“[7].

c) Firmenauswahl

Die derzeit fast hoffnungslose Situation auf einigen sektoralen Arbeitsmärkten führt dazu, daß auch größere Anstrengungen, wie sie oben geschildert wurden, häufig nicht zum Erfolg führen. Viele Erwerbslose schlagen daher den Weg der *Eigenbewerbung* ein.

Ein solches Verhalten darf nicht nur als Vorsprung eines Bewerbers vor seinen Mitbewerbern in einem begrenzten Arbeitsmarkt interpretiert werden.

Was Statistiken und öffentliche Appelle von Gewerkschaften nicht erreichen, nämlich das Nachdenken über Möglichkeiten, den einen oder anderen noch im Unternehmen unterzubringen, kann so vielleicht durch die direkte Konfrontation mit Betroffenen passieren. Natürlich muß ich in einem solchen Fall dem Arbeitgeber beziehungsweise Unternehmer auch klarmachen, daß er mit meiner Einstellung nicht in erster Linie eine soziale Tat vollbringt und makroökonomisch vernünftig handelt, sondern daß etwas an Positivem für seinen Betrieb dabei herausspringt.

Doch das ist dann der zweite Schritt. Der erste ist die überaus *schwierige Auswahl von Firmen und Institutionen,* welche folgende Bedingungen erfüllen sollten:

1. Sie sollten wenigstens teilweise in einem Bereich tätig sein, den ich beruflich ausfüllen kann, oder meine Arbeit muß für sie eine sinnvolle Ergänzung sein.
2. Sie sollten ihre Betriebsstätte in dem von mir bevorzugten Raum haben, der aber nicht zu sehr eingeschränkt sein sollte.

3. Sie sollten in der Lage sein, mich auch ohne Fördermittel längerfristig zu entlohnen.

Am einfachsten beginnt man mit dem Telefonbuch. Es ist erstaunlich, wieviele Verbände oder Institute man in einer Großstadt unter „V...“ bzw. „I...“ findet, ebenso „Fachverband...“, „Verein...“ oder „Gemeinnützige...“. Firmen sind in den „Gelben Seiten“ nach Branchen sortiert, innerhalb einer Branche nach Orten. Der alphabetische Index verweist von nicht aufgeführten zu aufgeführten Branchen.

Reicht die gefundene Firmenzahl nicht aus, so erweitert man die Suche auf benachbarte Telefonbereiche. Die Bücher liegen in fast jedem Postamt aus.

Beschränkt man sich auf größere Firmen, dann empfehle ich das *„Handbuch der Großunternehmen“* von *Hoppenstedt* (siehe S. 105). Es erscheint jährlich neu, jeweils für Holland, Österreich, die BRD und West-Berlin und ist auch als Datenbank (bei DATA STAR) elektronisch durchsuchbar. In diesem, bei den meisten Firmen, Behörden, IHK's und Bibliotheken vorhandenen Werk sind über 22.000 in Deutschland beheimatete Firmen ab 150 Beschäftigte oder 5 Mio. DM Jahresumsatz oder 500.000 DM Stammkapital verzeichnet. Die Grundstruktur bildet ein alphabetisches Ortsregister, innerhalb der Orte sind die Firmen alphabetisch sortiert.

3 Register helfen bei der Suche: ein numerisch sortiertes Postleitzahlenverzeichnis, um Nachbarorte zu finden, ein vierstelliger Branchencode, um alle Firmen einer Branche aufzulisten und ein alphabetisches Firmenverzeichnis, mit dessen Hilfe man den Hauptsitz der gesuchten Firma bestimmt, wenn man nur den Ort eines Tochterunternehmens kennt, unter dem man aber dann diese Firma nicht findet. Darauf muß man besonders achten, da in letzter Zeit immer häufiger Firmenteile zu selbständigen Firmen umgewandelt werden.

Wie umfangreich die hier gebotenen Firmendossiers sind, soll das Beispiel des Verlages aus Weinheim zeigen.

Genauere Angaben, zum Beispiel über Gesellschaftsanteile oder Prokura kann man den örtlichen Handelsregistern entnehmen. Ähnlich strukturiert ist „Der Industrie-Kompaß“[8].

Beltz Verlag
Julius Beltz GmbH & Co. KG
Am Hauptbahnhof 10, 6940 Weinheim (Berg
T: (06201) 6 00 70 - TX: 465 500 beltz
Telekopierer: Fax (06201) 1 74 64
Branchen-Nr: 2680; 7080
Bk: Deutsche Bk, Bezirksspark, beide Weinheim
Gr: 1841 - 1949 Langensalza/Thüringen, Neugründung in Weinheim 1949 - G-J: Kal-J.
Geschf: Dipl.rer.pol. (techn.), Dr. Manfred Beltz Rübelmann, Löhrbach (Odw.)
Prod: Verlagsgebiete: Pädagogik, Sozialpädagogik, Psychologie, Test-Diagnostik, Fachzeitschriften, Kinder- und Jugendbuchprogramm Beltz & Gelberg, Psychologie heute/Sachbuchprogramm
Deutscher Studien Verlag: Wissenschaftsprogramm.
Insgesamt ca. 1.000 Titel, jährlich 100 - 150 neue Titel
Zweig-NL: Verlag Beltz Basel, Postf. 2346, CH 4002 Basel
Kap: ca. DM 2 Mio
Besch. 1986: 90; 1985: 90
Ums. 1985: DM 16 Mio; 1984: DM 15 Mio
Verb: Börsenverein des Deutschen Buchhandels e.V., Frankfurt (Main); Verb. der Schulbuchverlage e.V., Frankfurt (Main); Arbeitsgemeinschaft von Jugendbuchverlegern e.V. in der Bundesrepublik Deutschland, Frankfurt (Main); Verb. der Verleger und Buchhändler in Baden-Württemberg e.V., Stuttgart
Firmen-Nr.: 315 826 032

(aus: Handbuch der Großunternehmen, Hoppenstedt, Darmstadt 1987)

Umfangreiche Firmenregister sind das „ABC der Deutschen Wirtschaft“,[9] mit 76.000 Firmen und das „Einkaufs-1x1 der Deutschen Industrie“[10] mit 59.000 Firmen, beide auch als Datenbanken bei FIZ Technik verfügbar.

Wem diese Suche zu lange dauert, dem empfehle ich eine *Informationsvermittlungsstelle* (IVS)[11] *mit Zugang zu Datenbanken* aufzusuchen. Folgende Recherche in einer solchen Datenbank ist in ein paar Minuten gemacht: Ich suche alle Firmen ab 1.000 Beschäftigte aus der Branche im Rhein-Neckar-Raum (= Tel. 062...). Wegen der hohen Anschaltgebühren für die IVS kann das ein paar Hunderter kosten.

Die so erfaßten Firmen erfüllen in der Regel die 2. und teilweise auch die 1. oben genannte Bedingung. Um zu wissen, welche Firmen ich in meine engere Bewerbungswahl nehmen soll, brauche ich weitere Informationen. Ich kann zum Beispiel in der umfangreichsten Firmendatenbank „Creditreform“, einem elektronischen Handelsregister mit Tausenden von Firmeneintragungen, weitersuchen lassen.[12]

Was geplant, produziert oder geforscht wird, wissen die Produktionsabteilungen oft viel besser als die Personalabteilung. Auch, welcher Personalbedarf besteht. Sind die verantwortlichen Abteilungsleiter nicht im Hoppenstedt verzeichnet, – bei größeren Firmen stehen sie oft mit Prokura drin –, dann versuche ich es einmal über die firmeneigene Vermittlung, die Posteingangsstelle oder ein zufällig erreichtes Sekretariat. *Wichtig sind Namen und Durchwahlnummern* der für *mich wichtigen Abteilungsleiter, möglichst unter Umgehung abwimmelnder Vorzimmerdamen.* Aber es darf keinesfalls ein Eindruck von Aufdringlichkeit oder Unhöflichkeit entstehen, denn solche ersten Kontakte können für die folgende Bewerbung schon ein großes Gewicht haben.

Informationen über die 3. Bedingung sind am schwierigsten zu erlangen. Was veröffentlicht wurde, kann ich über Pressearchive herausfinden. Zur rationelleren Suche hilft mir eine IVS mit Wirtschaftsdatenbanken, zum Beispiel Predicasts (PTS PROMT)[13] oder die neue Datenbank des Handelsblattes[14]. Damit weiß ich etwas über die finanzielle Situation, doch noch wenig über die Sozialmoral der Firma. Manche Firmen versuchen grundsätzlich erst einmal den Lohn für neues Personal aus fremden Quellen zu schöpfen, aus Forschungsetats, öffentlichen Beihilfen der Ministerien oder der Arbeitsämter.

Nichts ist dagegen zu sagen, wenn für Bewerber ohne einschlägige Berufserfahrung der sogenannte „Einarbeitungszuschuß" des Arbeitsamtes beantragt wird, zum Beispiel 50 % des Lohnes für 1/2 Jahr. Er setzt einen unbefristeten Arbeitsvertrag voraus. Befristete Verträge sind schon bedenklich, denn warum sind sie wohl befristet, und was folgt nach deren Auslaufen?*

Für sehr bedenklich halte ich sogenannte „Probearbeitsverträge", für die die Arbeitsämter manchmal den vollen Lohn zahlen, der Firma dagegen nicht nur ohne Eigenleistung der Arbeitnehmer voll zur Verfügung steht, sondern ihr auch keinerlei Verpflichtung auf Weiterbeschäftigung abverlangt wird.

Wenn ich also erfahre, daß die von mir ins Ausge gefaßte Firma einen großen Teil ihrer Belegschaft über Probearbeitsverträge

* Grundsätzlich rate ich dennoch nicht davon ab, wenn eine gewisse Aussicht besteht, daß eine erneut befristete oder gar unbefristete Anstellung erfolgt.
Zum arbeitsrechtlichen Status von Honorar-, Werk- und Dienstverträgen vgl. S. 89.

rekrutiert, dann spare ich mir gleich das Porto für die Bewerbung, denn ich suche ja eine seriöse, längere Beschäftigung. Hintergrundinformationen dieser Art gibt es weder in Printmedien noch in Datenbanken. Ich muß schon *mündlich selbst recherchieren,* am besten bei der zuständigen Gewerkschaft, Mitgliedern des Betriebsrats, eventuell Mitarbeitern des Arbeitsamtes, die mit dieser Firma zu tun haben. Auf diesem Wege erfahre ich auch, ob dieser Arbeitgeber an Tarifverträge gebunden ist und wie meine Einstufung dann wäre.

d) Forschung

Es ist eine Binsenweisheit, daß der Personalbestand in der Forschung zunimmt, auch wenn die Sparpolitik der öffentlichen Haushalte, besonders an den Hochschulen das Gegenteil zu signalisieren scheint. Täuschen wir uns nicht, die internationale Konkurrenz, die Abhängigkeit unserer Gesellschaft vom Bestehen im Wettbewerb, erzwingen hohe Leistungen in der Forschung. Da also die Universitäten kaum Stellen anbieten, müssen wir uns auf die Suche nach anderen Forschungseinrichtungen machen.

Die oben erwähnten Wirtschaftsdatenbanken sind da wenig hilfreich; die Ergebnisse bei einer Suche nach dem Wort „Forschung" oder „Entwicklung" (plus Branchencode plus Ortsangabe) sind eher zufällig.

Größere Forschungseinrichtungen führt das in Detroit erscheinende „International Research Centers Directory"[15] auf, mit Ausnahme der direkten Regierungs- und Universitäts-Institutionen.

Um Firmen, die neben Produktion und Dienstleistung über größere Forschungsabteilungen verfügen, ausfindig zu machen, und zwar gezielt, muß ich schon etwas Geld investieren.

Ich gehe davon aus, daß die Firma nicht nur etwas forscht, sondern dies auch beständig tut, d.h., sie hat es in den letzten Jahren schon getan. Ich gehe weiter davon aus, daß die Forscher dabei nicht ganz ohne Erfolg waren, denn in einen Strudel der Erfolgs- und Hoffnungslosigkeit möchte ich nicht hineingerissen werden. Jetzt muß ich nur noch wissen, daß sich Erfolg in der

Forschung üblicherweise in *Patenten* niederschlägt, und schon kann ich beginnen:

Ich suche die Patentabteilung einer mir bekannten Firma, einen Patentanwalt oder einen mir bekannten Erfinder auf und erzähle, welches Gebiet mich besonders interessiert, beziehungsweise welche Produkte oder Verfahrenstechniken. Ich sollte das vorher schon zusammengestellt haben. Nun lasse ich mir von den „Patentweisen“ aus der *Internationalen Patentklassifikation* heraussuchen, welche Klassen für meine Interessengebiete relevant sein können. Sind es zu viele, dann bitte ich entweder um die wichtigsten oder um übergeordnete, welche mehrere Produkt- oder Verfahrensgruppen zusammenfassen.

Mit diesen Codes gehe ich zu einer Informationsvermittlungsstelle (IVS) mit Zugangsberechtigung zu Patentdatenbanken. Dort lasse ich eine Recherche bei INPADOC[16] mit folgendem Ziel machen: Zu suchen sind alle Anmelder (in der Regel die Firmen, die ich suche) aus den Bereichen dieser Patentcodes innerhalb bestimmter Postleitzahlbereiche, mit Adressen, Zahl der Anmeldungen, Titel der Anmeldungen. Es reicht eine Einschränkung auf die letzten 3 Jahre.

Da die Gebühr für diese Datenbank je Anschaltstunde schon ca. DM 200,– kostet, bin ich inklusive Overheadkosten schnell DM 200,– bis DM 400,– los. Im Ergebnis habe ich nicht nur die von mir gesuchten Firmen (weitgehend), sondern oft auch Einzelerfinder, denen ich meine Mitarbeit anbieten könnte. – Da manche Firmen ihre Patente von eigens gegründeten Patentverwertungsfirmen anmelden lassen, muß ich mich bei diesen nach den Forschungsstellen erkundigen, werde aber wohl nicht immer genügende Auskunft erhalten. Bekanntlich werden Patentangelegenheiten in der Regel als „Geheimsache“ der Firmen behandelt, wenn sie sich noch im Entwicklungsstadium befinden.

Wer dieses Geld nicht ausgeben will, dem empfehle ich die gezielte Suche nach Empfängern von Forschungsgeldern. Viele Bibliotheken, IHK’s, Verbände und Firmen werden den jährlich erscheinenden *„BMFT-Förderungskatalog* (BMFT = Bundesministerium für Forschung und Technologie)[17] haben, in dem die Zuwendungen nach Fachgebieten geordnet sind und ein alphabetisches Firmen- und Institutionenverzeichnis die Suche erleichtert.

Wie überall im Leben wird dem gegeben, der schon hat: Diese Gelder bekommen besonders die Firmen, welche in Bonn über Einfluß verfügen. Die kleineren, die dort nicht aufgeführt sind, erhalten Forschungsgelder manchmal aus einem Topf des Bundeswirtschaftsministers. Abgerechnet wird über die Kölner „Arbeitsgemeinschaft industrieller Forschungsvereinigungen"[18], von der man die Liste ihrer Mitgliedsverbände, auch deren angeschlossener Forschungsinstitute erhalten kann, immerhin, nicht aber die streng gehüteten Adressen der eigentlichen Geldempfänger, obwohl es sich um Steuergelder handelt!

Vielleicht kann ich mir anders helfen: Ich nehme Kontakt zu demjenigen Verband auf, dessen Branche meiner Forschungsrichtung am nächsten kommt. Vielleicht ist der Verbandsgeschäftsführer damit einverstanden, daß ich ihm mehrere Exemplare meines Bewerbungssets schicke, und er diese an Mitgliedsfirmen in den von mir gewünschten Gegenden weiterleitet, ohne mir deren Namen und Adressen zu offenbaren. Haben die Firmen kein Interesse, dann können sie mir die Sets anonym zurücksenden, ansonsten können sie ja mit mir direkt Kontakt aufnehmen.

Gehe ich davon aus, daß Firmen in Fachveröffentlichungen, zum Beispiel in Fachzeitschriften, besonders für neue Produkte oder Verfahren werben, dann könnte ich in nationalen oder internationalen Datenbanken nach ihnen über die Verfasser suchen lassen, doch halte ich das nur in Ausnahmefällen für sinnvoller und preiswerter als in Patentdatenbanken, erstens, weil Forschungsgebiete dort selten in den für meine Firmensuche relevanten Oberbegriffen auftauchen, zweitens, weil ich verstreute Ergebnisse über die ganze Welt erhalte, nicht aber gezielt aus meinem „Firmensuchgebiet", denn Basis solcher großen Literaturdatenbanken ist die Auswertung oft Tausender von Fachzeitschriften, weltweit. Auch wenn ich ein auf die BRD eingegrenztes Ergebnis anstrebe, werden die Treffer eher zufällig sein. Im Zweifelsfall hole ich mir deswegen Rat beim Fachmann, einem sogenannten Informationsvermittler, englisch „Information-broker"[19].

e) Dienstleistungen

Suche ich eine Stelle weder in der Industrie noch in der Forschung, dann bleibt lediglich der zersplitterte Sektor der Dienstleistungen übrig. Dazu zählt man Kleinfirmen, die Wäscherei um die Ecke ebenso wie die Großunternehmen Bahn oder Post. Da hier nicht jeder Bereich behandelt werden kann, einige allgemeine Informationsquellen:

Bereits am Anfang habe ich hingewiesen auf Fachzeitschriften, Berufsverbände, Einzelgewerkschaften, Wirtschaftsverbände und ihre jeweiligen regionalen Gliederungen als Anlaufstellen. Die Adressen finde ich überwiegend im schon erwähnten „Oeckl“. Auch wenn dieses Handbuch nicht vollständig ist, so finde ich zu jedem Gebiet Institutionen, die mir wiederum mit Adressen weiterhelfen können.

Darüber hinaus frage ich mich: Gibt es über das von mir gewünschte Berufsfeld eine staatliche Aufsicht? Welches Ressort/Ministerium, Regierungspräsidium, Bundes- oder Landesanstalt, Bundes- oder Landesamt könnte Adressenlisten haben?

Für Einrichtungen aus dem politischen, sozialen, gesundheitlichen oder Entwicklungshilfebereich gibt es meistens zentrale Trägerorganisationen. Dazu zählen Kirchen (die reichsten und deshalb mit den weitaus größten Personaletats), Gewerkschaften, Parteistiftungen, Wohlfahrtsverbände. Sie können mir mit gezielten Einzelinformationen ebenso weiterhelfen wie Dachorganisationen von Kammern (zum Beispiel DIHT, DIHT = Deutscher Industrie- und Handelstag, Bundesärztekammer, Anschriften im „Oeckl“) und Gebietskörperschaften (zum Beispiel Deutscher Landkreistag, Deutscher Städtetag, Deutscher Städte- und Gemeindebund auch hier alle Adressen im „Oeckl“). Es ist sinnvoll, sich dabei nicht nur an eine, sondern an mehrere Zentralstellen zu wenden, da jede nur für ihren Organisationsbereich weiterhelfen kann. Ein Beschäftigungstherapeut muß zum Beispiel damit rechnen, daß ein potentieller Arbeitgeber eine Großstadt oder eine Gemeinde, das Krankenhaus einer Kirche oder einer Landesversicherungsanstalt ist oder eine schulische Einrichtung aus dem Fachaufsichtsbereich eines Oberschulamtes. Kommt man mit seiner Suche trotzdem nicht weiter, dann kann man sich zusätzlich an die Fachredaktionen von Rundfunkanstalten oder überregionaler Presse wenden.

Über sehr detailliertes Adressenmaterial aus den Bereichen Kultur, Kunst, Kommunikation, Werbung, Medien verfügt die dickleibige „Red Box"[20], deren Gliederung allerdings nicht logisch erscheint.

Den umfassendsten Überblick, auch unter Berücksichtigung esoterischer Randbereiche, erhalte ich durch das jährlich von der Gesellschaft für Information und Dokumentation (GID) – siehe Anmerkung 11 – herausgegebene „Verzeichnis Deutscher Informations- und Dokumentationsstellen", in vielen Bibliotheken vorrätig. Unterstützt durch ein Personen-, Orts- und Sachregister erfahre ich, wer worüber Informationen sammelt, aufbereitet und für wen verfügbar hält. Diese Stellen sind höchst unterschiedlich personell und technisch ausgestattet, die meisten arbeiten noch immer nicht mit eigenen Datenbanken, und die Informationen nur weniger sind von außen elektronisch abrufbar, doch auf konventionellem Wege werde ich mit Sicherheit zumindest erfahren, von wem ich was erfahren kann. Schade ist bei diesem Verzeichnis nur, daß es auch sogenannte „Karteileichen" enthält, die auch durch die jährliche Neuerscheinung nicht „ausgemerzt" wurden.

12. Kapitel

Informationen für Existenzgründer

(Rainer Hahn)

a) Indirekte Quellen

Bevor sich jemand selbständig macht, hat er eine solche Fülle unterschiedlicher Informationen zu bearbeiten, daß hier nur auf die wichtigsten Punkte hingewiesen werden kann.

Verschiedene Verlage geben Bücher und Loseblattsammlungen heraus mit überwiegend betriebswirtschaftlichem Wissen für Selbständige und Manager. Schwerpunkte bilden meist Wirtschaftsrecht, Arbeits- und Sozialrecht, Steuern, Geldanlagen.

Neu erschienen sind die „Tips und Ratschläge für Existenzgründer" von Kirschbaum und Naujoks[21]. Auch die Deutsche Bank gibt eine „Entscheidungshilfe für Existenzgründer"[22] mit einer viele Problembereiche abdeckenden Checkliste heraus. Weiteres Material kann von den IHK's angefordert werden[23].

Die Kontakte zu Banken sollten nicht erst mit der Beantragung eines Kredites beginnen. Als Vorausliteratur weise ich einmal hin auf Häusslers „Neue staatliche Finanzierungshilfen für Unternehmen"[24] mit Ergänzungslieferungen, auf „Die Finanzierungshilfen des Bundes und der Länder an die gewerbliche Wirtschaft"[25], und auf ein Heft für ERP-Mittel des Bundeswirtschaftsministeriums (ERP = European recovery program)[26]. In Form sogenannter „Branchen-Computerbriefe"[27] für insgesamt 120 Branchen informieren die Volks- und Raiffeisenbanken über die Startbedingungen.

b) Direkte Beratung

Direkte Beratung erhält man zunächst durch die eigene Hausbank, und zwar durch deren Kreditabteilung. Dort werden auch die

Anträge an die Kreditanstalt für Wiederaufbau in Frankfurt bzw. die Lastenausgleichsbank in Bonn gestellt, um Zinsverbilligungen durch öffentliche Stellen zu erhalten.

Zur Ergänzung dieser Auskünfte empfiehlt sich das Herantreten an den „Dokumentationsring Kreditwirtschaft“[28] in Frankfurt, wenn man spezielle branchenspezifische Informationen braucht oder Exportspezifica sucht. Spezielle Auskunftsstelle für den Export ist die „Bundesstelle für Außenhandelsinformation“[29] in Köln. Mit dem Binnenmarkt macht man sich am besten mit Hilfe des Bundeskartellamtes, Referat Dokumentation[30] vertraut, besonders, wenn man was über Märkte, Einzelunternehmen, Kartelle oder Branchen wissen will. Reichen diese Quellen nicht aus, dann sollte man bei der örtlich zuständigen IHK nach weiteren Quellen fragen.

Von dort, oder örtlich unterschiedlich, auch über Handwerkskammern oder Kreishandwerkerschaften kann man versuchen, Kontakt zu sogenannten „Existengründungsberatern“* aufzunehmen. Das sind oft ehemalige Unternehmer, die sich zur Ruhe gesetzt haben und aus ihrem lebenslangen Erfahrungsschatz einen Teil an die „Newcomer“ abgeben wollen. Leider gibt es erst sehr wenige dieser ehrenamtlich arbeitenden Senioren, doch wird man deren Erfahrungen kaum aus Lehrbüchern holen können.

Sollte eine solche individuelle Beratung nicht verfügbar sein, dann kann eine Existenzgründung ohne Beratung durch Steuer- oder Unternehmensberater, nur aus Nachschlagewerken und mit Bankinformationen, als zu risikoreich nicht befürwortet werden. Wenigstens sollte man versuchen, sich über Kontakte zu den zuständigen Berufs- oder Wirtschaftsverbänden von zukünftigen Kollegen beraten zu lassen.

* Im Unterschied zu „Unternehmensberatern“, die meist Beratungskosten mit Tagessätzen bis zu DM 1.000,– berechnen, wobei allerdings beachtliche staatliche Zuschüsse (vorher beantragen) –75 % bei Tagessätzen bis zu DM 680,– gegeben werden.

c) Datenbanken

Gezielte Einzelinformationen, zum Beispiel über Produkte, Herstellungsverfahren, Marktanteile, Einzelunternehmen, Einzelprognosen kann man nur aus Datenbanken erhalten, die von ihrer Größe her das Gesamtgebiet in genügender Breite abdecken, und von ihrem Input her die Gewähr für qualitative Auswertung in der nötigen Tiefe bieten. Welche Datenbanken das im einzelnen sind, kann man am besten von versierten Informationsvermittlern (siehe Anmerkung 19) erfahren.

Die naturwissenschaftlich-technischen Datenbanken, von denen bereits die Rede war, sind hilfreich für die Projektierung und technische Herstellung von Produkten. Im Handbuch „Der Schnelle Draht“[31] werden 239 verschiedene Datenbanken vorgestellt, zusammen mit allgemeinen Benutzungshinweisen. Zur Marktanalyse für Waren oder Dienstleistungen benötigt man Wirtschaftsdatenbanken, welche in den USA seit zirka 15 Jahren, bei uns jedoch erst sehr zögerlich als allgemeine Informationsquellen in der Unternehmensplanung und -führung eingesetzt werden.

Einige Beispiele dazu: Für Firmen- und Produktnachweise wurden bereits die Hoppenstedt-Datenbanken genannt. Marktdaten, technische Neuerungen, Prognosen, Einzelinformationen in größerer Tiefe zu Firmen liefern die Datenbanken der US-Gesellschaft Predicasts Inc. Die vom FIZ Technik[32] angebotenen Datenbanken[33] bieten Lieferantennachweise aus Industrie, Handwerk und der Beratungsbranche. Die vom INKA[34], beziehungsweise DATA-STAR angebotene Datenbank „Business“[35] hält, in Form einer Art elektronischen Inserats, über 30.000 Angebote beziehungsweise Nachfragen zu Lizenzen, Vertretungen, Kooperationen, Im- und Exportwünschen weltweit vorrätig, die nicht älter als 1 Jahr sind. – Von FIZ-Technik wird „BLISS“[36], die einzige deutschsprachige Datenbank über die gesamte Betriebswirtschaft, angeboten. Will man wissen, was in der letzten Zeit über Unternehmen, Produkte oder Märkte im Handelsblatt stand, dann sucht man in der neuen Volltextdatenbank „Handelsblatt online“[37/38]. Für eine breitere Suche empfiehlt sich die Datenbank der „New York Times“, für die Wirtschaftsinformationen aus über 55 Zeitungen und Zeitschriften erfaßt werden[39].

Interessiert man sich für Methoden des Managements oder des Marketing, dann ist die US-Datenbank „ABI/Inform“[40] einschlägige Quelle, für statistische Berichte aus 65 Industriezweigen mit Marktanalysen und -prognosen dagegen die „Harfax Industry Data Sources“[41]. Wer nicht das Statistische Jahrbuch unseres Bundesamtes für Statistik durcharbeiten will, sei auf den französischen Datenbankanbieter „CISI“* verwiesen, der unter dem Namen „Statis-Bund“** eine Vielzahl von Erhebungsergebnissen in Form von Zeitreihen verfügbar hält.

Mit Hilfe einer größeren Recherche in verschiedenen in- und ausländischen Datenbanken, die von einem erfahrenen Informationsvermittler vorgenommen werden sollte und leicht DM 1.000,– bis DM 2.000,– kosten kann, erhält der potentielle Existenzgründer Material für eine umfassende und detaillierte Vorbereitung seines Unternehmens an die Hand. Von fachkundigen Beratern aufgearbeitet und durch die Beratung der angegebenen Quellen ergänzt, gibt sie eine solide Informationsbasis für die Planung seines Unternehmens ab.

An diesem Beispiel erkennt man wahrscheinlich die Bedeutung von Informationen und deren Einstufung als sogenannten „Vierten Produktionsfaktor“.

* CISI, Compagnie Internationale de Services en Informatique Fourniture de données – on-line information service, 35 Boulev. Brune, 75680 Paris Cedex 14, Frankreich; dt. Vertretung: LKS AG Interaktiv Service, Frankf. Allee 10-12, 6236 Eschborn, Tel. 06196/4 85 31

** STATIS-BUND, Hersteller der Datenbank ist das Statistische Bundesamt, G. Stresemann-Ring 11, 6200 Wiesbaden 1, Tel. 06121/7 51, Anbieter ist 42)

Reihenfolge der Informationsbeschaffung (von unten nach oben)

Phase	**Quelle**	**Ziel**
aktiv direkt ↑	„Insider"/Fachkollegen	Information über Einzelfirma: Ökon. Lage, soziales Verhalten, Arbeitsschwerpunkte ↑
	Gewerkschaften/Betriebsräte	
	spez. Datenbanken	
	Pressearchive	
	Datenbanken/Informationsvermittlungsstellen/Broker	Auswahl geeigneter Firmen
	Kammern/Innungen/ Fachaufsichtsbehörden	
	Verbandsverzeichnisse	
	Forschungsverzeichnisse/ Förderungskataloge/ Produktlisten	
	allg. Firmenkompendien	
	Telefonbücher/Gelbe Seiten	
aktiv indirekt passive Stellensuche	Unternehmensberater	Stellenmarkt
	Veröffentl. von Institutionen/ Firmen	
	Fachzeitschriften	
	Zeitungen	
Vorbereitung	Stellenvermittlung	Berufsfindung durch oder mit Hilfe des Arbeitsamtes u. von Forschungseinrichtungen
	Ausbildungsförderung	
	Psychol. Tests	
	Firmenbesuche	
	Berufsberatung	
	Planen	
	Zusammenstellung von allen Zeugnissen und Unterlagen	

Anmerkungen zu den Kapiteln 10 bis 12

1 Bundesanstalt für Arbeit, Referat berufs- und arbeitskundliche Information und Dokumentation, Regensburger Str. 104, 8500 Nürnberg, Tel. 0911/17/24 16;
zur Ergänzung: Bundesinstitut für Berufsbildung (BIBB), Abt. 1.1, Wiss. Dokumentation, Fehrbelliner Platz 3, 1000 Berlin 31, Tel. 030/86 83/3 31 (u.a. berufl. Weiterbildung)

2 Bundesanstalt für Arbeit, Institut für Arbeitsmarkt- und Berufsforschung (IAB), Dokumentationsbereich, Regensburger Str. 104, 8500 Nürnberg, Tel. 0911/17/21 23

3 Aktion Bildungsinformation e.V., Alte Poststr. 15, 7000 Stuttgart 1

4 Taschenbuch des Öffentlichen Lebens, BRD, 1985/86, Hrsg. Dr. Albert Oeckl, Festland Verlag Bonn, ISBN 3-87224-003-x

5 swets subscription service, a division of swets & zeitlinger b. P.O. Box 830, 2160 SZ Lisse-Holland/Filiale in Frankfurt a.M.

6 Handbuch der Großunternehmen, BRD, Verlag Hoppenstedt & Co., Postfach, 6100 Darmstadt, Tel. 06151/3 80/3 57 als Datenbank für die BRD: „HOPE", zus. mit Österreich und Niederlande: „HOZZ" bei: 7)

7 DATA-STAR, (Datenbankanbieter = „host") bei Radio Schweiz, Bern, dt. Vertreter: D-S Marketing GmbH, Ostbahnhofstr. 13, 6000 Frankfurt a.M., Tel. 069/49 06 43

8 Der Industrie-Kompaß, Deutschland 1984/85, 12. Ausg., 1. Bd. Produkte und Dienstleistungen, 2. Bd. Firmenregister und Firmeninformationen, Wilhelmstr. 1, 7800 Freiburg

9 ABC der Deutschen Wirtschaft, Verlags-GmbH, Postfach 40 34, 6100 Darmstadt 1

10 Einkaufs-1x1 der Deutschen Industrie, Deutscher Adreßbuch-Verlag für Wirtschaft und Verkehr, Postfach 110320, 6100 Darmstadt 1

11 z.T., wenn auch nicht vollständig, findet man eine Liste im „Verzeichnis Deutscher Informations- und Dokumentationsstellen", Hrsg. Gesellschaft für Information und Dokumentation (GID), Lyoner Str. 44, 6000 Frankfurt a.M. 71, Verlag K.G. Saur, München

12 Diese Datenbank wird von Genios 38) angeboten.

13 PTS PROMPT = Predicasts Terminal System-Predicast Overviews of Marketing and Technology, u.a. bei DATA-STAR (7)

PTS F&S Indexes, auch bei DATA-STAR (u.a. Industriedaten, über Firmen, Konzerne, Branchen, technologische Trends)

14 Handelsblatt on-line, Volltextdatenbank, vgl. 37

15 International Research Centers Directory, Hrsg. Gale Research Company, Detroit, USA, ISBN 0-8103-0465-1

16 INPADOC, Internationales Patentdokumentationszentrum, Postfach 16, 1041 Wien, Österreich; Datenbank „BASE PATENTE“ wird von INKA (vgl. 34) angeboten

17 BMFT-Förderungskatalog 1986, Frühjahr 1987 erschienen, Bonn

18 AiF-Handbuch, Arbeitsgemeinschaften industrieller Forschungsvereinigungen e.V. (Hrsg.) 1984, Bayerthalgürtel 23, 5000 Köln 51, Tel. 0221/37 20 91, 2mal im Jahr Forschungsreports, ISSN 0302-7376

19 Informationsvermittler = Einzelperson bzw. Firma, die gegen Entgeld Informationen, zumeist aus Datenbanken im Auftrag abruft, meistens auch auf Relevanz überprüft und ggf. analysiert. Eine Liste steht in 11) und 31)

20 Red Box, Verlag M. Bethge, Bogenstr. 20, 2000 Hamburg 13

21 Tips und Ratschläge für Existenzgründer, von Günther Kirschbaum und Wilfried Naujoks, Rudolf Haufe Verlag, 1985

22 Entscheidungshilfe für Existenzgründer, Hrsg. Deutsche Bank, 2. Aufl. 1985, Eigenverlag, 44 S. gratis

23 Entweder bei den lokalen IHK (Adressen im Telefonbuch) oder beim Deutschen Industrie- und Handelstag (DIHT), Adenauerallee 148, 5300 Bonn 1

24 Neue staatliche Finanzierungshilfen für Unternehmen, von Häussler, WK-Verlag, Fachverlag für Verwaltung und Industrie, 1978, mit Ergänzungslieferungen; Industriestr. 21, 8901 Kissingen

25 Die Finanzierungshilfen des Bundes und der Länder, Sonderheft der Zeitschrift für das gesamte Kreditwesen, 1984, Hrsg. Fritz Knapp Verlag, Ffm.

26 Heft über ERP-Mittel, Hrsg. Bundesministerium für Wirtschaft, Villemomler Str. 76, 5300 Bonn 1

27 Branchen-Computerbriefe (für 120 Branchen), für DM 5,– über alle Filialen von Volks- und Raiffeisenbanken zu beziehen

28 Dokumentationsring Kreditwirtschaft (DK) Ffm., c/o Kreditanstalt für Wiederaufbau, Palmengartenstr., 6000 Frankfurt a.M. 1, i.d.R. nur für Mitarbeiter der angeschl. Institute, Tel. 069/74 31/25 41

29 Bundesstelle für Außenhandelsinformation, Dokumentation, Blaubach 13, Postfach 10 80 07, 5000 Köln 1, Tel. 0221/20 57-1

30 Bundeskartellamt, Referat G6-Dokumentation, Mehringdamm 129, 1000 Berlin 61, Tel. 030/69 01-1

31 Der schnelle Draht, Handbuch zur Nutzung von Datenbanken für die technische Entwicklung, 3. erg. Aufl. 1985, Hrsg. Wirtschaftsministerium von Nordrhein-Westfalen, zusammengestellt von Dr. J. Schulte-Hillen Köln (Unternehmensberater); Auslieferung durch Techdata/-Medienvertriebsgesellschaft, Postfach 11 39, 4000 Düsseldorf 1, Tel. 0211/6 70 40

32 FIZ (= Fachinformationszentrum) Technik e.V. Postfach 60 05 47, 6000 Frankfurt a.M. 60, Tel. 069/43 08-2 13; deutscher Host

33 Insgesamt zur Zeit 8 verschiedene Datenbanken mit Firmennachweisen (alle Produkte/Software/Meß- und Regeltechnik/Maschinen/Elektro) die von 32) bereitgehalten werden

34 INKA (= Informationssystem Karlsruhe), deutscher Host, beheimatet beim FIZ Energie, Physik, Mathematik, 7514 Eggenstein-Leopoldshafen 2, Tel. 07247/82-45 68; auf dem Rechner dieses Hosts liegen die Datenbanken mehrerer deutscher Fachinformationszentren auf. Der Host befindet sich allerdings in Auflösung, sein Bestand geht z.T. 1986 über auf den dt.-US-Host „STN", die Datenbanken von FIZ-Technik zu 7)

35 Business = Internationale Datenbank zur Anknüpfung von Geschäftsverbindungen in Forschung, Fertigung, Marketing etc.; Hersteller: On-line, GmbH, zusammen mit der Deutschen Bank, Poststr. 42, 6900 Heidelberg 1, Tel. 06221/2 26 72; Anbieter: 7), 34)

36 BLISS, Datenbasis wird hergestellt von GBI-Ges. f. betriebswirtschaftliche Information mbH, Postfach 40 07 47, 8000 München 81, Tel. 089/98 14 71, eigener Host und bei 32) anschaltbar

37 Seit 1985 gibt es die Volltextdatenbank „Handelsblatt online", die elektronische Version des Handelsblattes aus Düsseldorf. Anbieter ist 38)

38 Genios-Wirtschaftsdatenbanken (= ein neuer dt. Host, seit 1985), Kasernenstr. 67, 4000 Düsseldorf, Tel. 0221/4 72 41

39 New York Times (NYTS), Datenbank, Hersteller: NYT Information Service, New Jersey, USA, Kontakt in BRD: 069/28 31 79; Anbieter u.a. 7)

40 ABI/INFORM, Datenbank, für die mehr als 400 Wirtschaftszeitschriften, besonders aus den USA, ausgewertet werden; Hersteller: Data-Courier, Inc., Louisville, KY 40202, 620 South Fifth Street, USA; Anbieter u.a. 7)

41 Hersteller: HARFAX Database Publishing, 54 Church Street, Cambridge, MAO2138, USA; Anbieter u.a. 7)

13. Kapitel

Der Fachvermittlungsdienst der Bundesanstalt für Arbeit

(Karl-Ludwig Kreuzer)

a) Die Arbeitsmarktentwicklung

Immer mehr studieren, immer mehr Hochschulabsolventen drängen auf den Arbeitsmarkt. Die Zahl der Erwerbstätigen mit abgeschlossenem Studium stieg von zirka 1 Million im Jahr 1970 auf ungefähr 2,3 Millionen im Jahre 1980, davon 1,42 Millionen mit Abschluß einer wissenschaftlichen Hochschule und 740.000 mit Fachhochschulabschluß[1]. Obwohl der überwiegende Teil eine ausbildungsadäquate Beschäftigung fand, hat sich die Arbeitsmarktlage kontinuierlich verschlechtert. Seit Dezember 1980 stiegen die bei der Bundesanstalt für Arbeit gezählten Bewerber und zwar bis Mitte 1983 mit Raten bis zu 45 %. Seitdem ist der Anstieg abgeflacht und lag für das 1. Halbjahr 1986 bei nur noch 3,1 %. Demgegenüber verringerte sich das bei den Fachvermittlungsdiensten (FVD) vorliegende Stellenangebot in der gleichen Größenordnung bis Mitte 1983 und stieg seitdem wieder kontinuierlich an. Trotz dieser gegenläufigen Entwicklung stiegen die Vermittlungszahlen, läßt man einmal den Rückgang im Jahr 1982 außer acht[2].

Lag die Relation Bewerber – Stellen Ende 1980 rein rechnerisch bei zirka 2: 1, so verschlechterte sich die Situation bis Ende Juni 1986 auf 7: 1. Von dieser Entwicklung sind insbesondere Berufsanfänger und Frauen betroffen. Der Anteil der Berufsanfänger an allen Bewerbern stieg bis Mitte 1986 auf 47 % und der der Frauen auf 46 %. Bei den Frauen handelt es sich insbesondere um Absolventinnen erziehungs- und geisteswissenschaftlicher Berufe[3]. Diese wenn auch globale Betrachtungsweise berücksichtigt noch nicht einmal regionale Besonderheiten, wie beispielsweise das Nord-Süd-Gefälle im Stellenangebot.

Offene Stellen, Bewerber und Arbeitsvermittlungen
der Fachvermittlung für besonders qualifizierte Fach- und Führungskräfte

Berufsbereich: Alle Berufe der Fachvermittlung

– zeitliche Entwicklung –

Ende Dezember	Offene Stellen			Bewerber			Arbeitsvermittlungen im Laufe des Jahres		
	insg.	Veränderungen gegenüber dem Vorjahr		insg.	Veränderungen gegenüber dem Vorjahr		insg.	Veränderungen gegenüber dem Vorjahr	
		absolut	in %		absolut	in %		absolut	in %
1981	18746	–6742	–26,5	75669	+23716	+45,6	15389	+3215	+26,4
1982	9838	–8908	–47,5	106460	+30791	+40,7	12614	–2775	–18,0
1983	10154	+ 316	– 3,2	127284	+20824	+19,6	15230	+2616	+20,7
1984	14459	+4305	–42,4	136740	+ 9456	+ 7,4	20733	+5503	+36,1
1985	18795	+4336	+30,0	140043	+ 3303	+ 2,4	23154	+2421	+11,7
1986	20376	+1581	+ 8,4	146247	+ 6204	+ 4,4	28880	+5726	+24,7

Sicherlich trifft die verschlechterte Beschäftigungslage besonders die erziehungs- und gesellschaftswissenschaftlichen Berufe, da die öffentliche Hand, Hauptbeschäftiger für diese Berufe, ihren Personalbedarf erheblich reduziert hat. Aber die allgemeine Verschlechterung des Arbeitsmarktes ist auch nicht an anderen „akademischen" Berufen vorübergegangen, wie die Übersicht auf Seite 124 zeigt[4].

Dennoch ist die Beschäftigungslage für Erwerbstätige mit Hochschulabschluß im Vergleich zu allen Erwerbstätigen günstiger. Deren durchschnittliche Arbeitslosenquote liegt bei zirka 5,5 %, die für alle Erwerbstätigen bekanntlich zwischen 9 und 10 %.

Leider basiert die Statistik auf einer Bestandzählung zu einem Stichtag. Eine *Bewegungsstatistik* – Zu- und Abgänge an Bewerbern und Stellen – *wird nicht erhoben.* Sie wäre zu einer genaueren Darstellung dieses Teilarbeitsmarktes unerläßlich. Geht man jedoch davon aus, daß die Bundesanstalt für Arbeit zu zirka einem Drittel an der Bewegung des Arbeitsmarktes beteiligt ist, dann wurden beispielsweise im Jahr 1985 insgesamt zirka 70.000 Beschäftigungsverhältnisse für Hochschulabsolventen neu abgeschlossen. Das bedeutet, daß innerhalb des Blocks der Bewerber, aber auch der Stellen, eine erhebliche Bewegung stattgefunden haben muß, was nicht so ohne weiteres aus der Anzahl der Vermittlungen von über 23.000 und den Beständen und Zuwächsen an Bewerbern und Stellen ersichtlich ist. Geht man von den prognostizierten Absolventenzahlen der Bund-Länder Kommission für Bildungsplanung und Forschungsförderung aus, so müssen bis zum Jahr 2000 zirka 2.000.000 zusätzliche Arbeitsplätze für Hochschulabsolventen geschaffen werden[5]. Selbst wenn man berücksichtigt, daß Prognosen mit allerlei Unsicherheiten behaftet sind, kann festgehalten werden, daß die Beschäftigungskrise für diesen Personenkreis bestehen bleibt. Es stellt sich also die Frage, ob die Fachvermittlung (FV) diesem Problem quantitativ und qualitativ gewachsen ist. Bis Ende 1986 wurden 6 weitere FVD in Bonn, Dortmund, Freiburg, Göttingen, Münster und Oldenburg eingerichtet; somit die Zahl der FVD-Mitarbeiter um zirka 120 aufgestockt. 1980 waren zirka 400 Mitarbeiter mit den Aufgaben der FV in den 19 FVD's betraut[6]. Davon waren 55

Offene Stellen, Bewerber und Arbeitsvermittlungen der Fachvermittlung für besonders qualifizierte Fach- und Führungskräfte

Berichtszeitraum: 1986

Berufsordnung (Berufsklasse)	Offene Stellen			Bewerber			Arbeitsvermittlungen im Laufe des Jahres		
	insg.	Veränderungen gegenüber dem Vorjahr		insg.	Veränderungen gegenüber dem Vorjahr		insg.	Veränderungen gegenüber dem Vorjahr	
		absolut	in %		absolut	in %		absolut	in %
1. Ingenieure einschl. Luftverkehrsberufe	12047	+1252	+11,6	20482	-1398	- 6,4	7331	+ 582	+ 8,6
2. Naturwissensch. einschl. Ökotrophologen	1148	+ 125	+12,2	10170	+ 344	+ 3,5	1774	+ 522	+41,7
3. Ärzte und Apotheker	849	- 21	- 2,4	5869	- 152	- 2,5	975	+ 195	+25,0
4. Besonders qualifizierte kaufmännische und Verwaltungsberufe	4794	+ 300	+ 6,7	19849	+ 837	+ 4,4	4445	+ 614	+16,0
5. Sozialwissenschaftliche und sozialpflegerische Berufe	527	+ 11	+ 2,1	36374	+2403	+ 7,1	6542	+1911	+41,3
6. Lehrer, Geisteswissenschaftler und Publizisten	641	+ 14	+ 2,2	45842	+3653	+ 8,7	6720	+1699	+33,8
7. Berufe im gestalterischen Bereich	146	+ 12	+ 9,0	3497	+ 80	+ 2,3	457	+ 126	+38,1
8. Beratungs- und Führungskräfte in der Land- und Forstwirtschaft	97	+ 22	+29,3	3549	+ 425	+13,6	514	+ 76	+17,4
9. Sonstige Berufe[1])	127	- 134	-51,3	615	+ 12	+ 2,0	122	+ 1	+ 0,8
Insgesamt	20376	+1581	+ 8,4	146247	+6204	+ 4,4	28880	+5726	+24,7

[1]) Unter „sonstigen Berufen“ werden Bewerber, offene Stellen und Arbeitsvermittlungen geführt, die aus statistischen Gründen den anderen Berufsbereichen nicht zugeordnet werden können.

Arbeitsberater mit abgeschlossenem Universitätsstudium und zirka 170 Vermittler. Die übrigen Mitarbeiter waren in der Abwicklung und Bearbeitung eingesetzt. Dies zeigt, daß die *personelle Ausstattung der FVD keineswegs mit der Entwicklung auf diesem Teilarbeitsmarkt Schritt gehalten hat.* Kamen 1980 rein rechnerisch auf einen Vermittler im FVD zirka 300 Bewerber, so waren es Ende 1986 bereits bis zu 1.000! Auf einen Arbeitsberater kommen mittlerweile schon – je nach Berufsbereichgröße des FVD – zwischen 1.000 und 3.500 Bewerber beziehungsweise „Klienten“[7].

Es sind aber nicht nur die Bewerber und Stellenangebote, sondern auch die Anzahl der Studierenden, die im Einzugsbereich des jeweiligen FVD leben, zu berücksichtigen, will man ein realistisches Bild erhalten. So betreut beispielsweise der FVD Nürnberg 4 wissenschaftliche Hochschulen mit zirka 43.000, der FVD Oldenburg 1 Hochschule mit zirka 8.500 Studenten – Fachhochschulen in beiden Fällen nicht berücksichtigt[8].

Nimmt man beide zusammen, dann bleibt das nicht ohne Konsequenzen für die Arbeit der FVD. Es stellt sich also die Frage, ob die FVD in der Lage sind, den quantitativen Zuwachs nicht nur verwaltungstechnisch zu verarbeiten, sprich Bewerber und Stellen nur zu verwalten, sondern ob sie von Struktur, Organisation und Aufgabenstellung den enorm gestiegenen Anforderungen gewachsen sind[9].

b) Wie der FVD organisiert ist

Die FVD's sind bundesweit in der Regel in drei Berufsbereiche gegliedert:

- ingenieur- und naturwissenschaftliche Berufe,
- kaufmännische und Verwaltungsberufe, und
- erziehungs- und sozialwissenschaftliche Berufe[10].

Fachlich geleitet wird jeder Berufsbereich von einem Arbeitsberater, der neben der bereits erwähnten einschlägigen Hochschulausbildung möglichst Berufserfahrung außerhalb der Verwaltung gesammelt haben sollte. Eine der jeweiligen Belastung entsprechende Zahl von Vermittlern betreut bestimmte Berufe innerhalb des Berufsbereichs. Abgewickelt wird die anfallende Verwaltungsarbeit in den Annahme- und Bearbeitungsstellen einschließlich der Erstellung von Statistiken.

Der FVD ist eine Vermittlungseinrichtung mit Doppelfunktion: einmal überregionale Vermittlungsstelle zuständig für mehrere Arbeitsamtsbezirke, zum anderen integriert in ein Arbeitsamt* und damit für den Hauptamtsbezirk auch leistungsrechtlich zuständig. Es werden Anträge für die verschiedenen Leistungen nach dem Arbeitsförderungsgesetz wie Arbeitslosengeld, -hilfe, Fortbildung und Umschulungen, Leistungen zur Förderung der Arbeitsaufnahme und Arbeitsbeschaffungsmaßnahmen, um nur die wichtigsten zu nennen ausgegeben, bearbeitet, entschieden und weiter verfolgt. Diese Zusammenarbeit mit der Leistungsabteilung einschließlich der Stellungnahmen zur Verfügbarkeit, der Begründung von Sperrzeiten bei Arbeitsablehnung und der Bearbeitung anfallender Rückfragen und Beschwerden nimmt einen erheblichen Anteil der Gesamtarbeitszeit der Vermittler und Arbeitsberater in Anspruch. Berücksichtigt man ferner die ohnehin schon zu geringe personelle Ausstattung, so geht dies zu Lasten *der Vermittlungs- und Beratungsaufgaben.*

Das Prinzip der „offenen Tür" – speziell für Bewerber und Arbeitslose notwendig, weil aufgrund der gesetzlichen Regelung Anträge persönlich gestellt werden müssen – schränkt die Aktivitäten von Vermittlern und Beratern im regionalen Zuständigkeitsbereich zusätzlich ein. Diese strukturelle Doppelfunktion des FVD wäre kein Problem, entspräche die personelle Ausstattung den Belastungszahlen.

* *Es ist gewährleistet, daß jedes Bewerbergesuch und Stellenangebot von dem angesprochenen Arbeitsamt dem FVD zugeleitet wird. s. Anlage 2.*

c) Wie Sie zu einem Arbeitsplatz kommen

Die Aufnahme einer Beschäftigung kann grundsätzlich auf zweierlei Weise erfolgen:

1. Vermittlung durch den FVD und
2. Eigenbemühungen des Arbeitssuchenden.

Diese beiden Methoden schließen sich nicht aus. Voraussetzung für eine qualifizierte Arbeitsplatzsuche und Vermittlung ist die Kenntnis des jeweiligen Arbeitsmarktausschnittes eines Berufes. Wollen alle Beteiligten – Bewerber, Vermittler, Arbeitgeber – den Arbeitsmarkt annähernd optimal nutzen, so bedarf es exakter Informationen über Bewerber- und Anforderungsprofile:

- Ihr Profil, das fachliche Kenntnisse, berufliche und persönliche Fähigkeiten, Interessen und Neigungen sowie ein Leistungsprofil umfaßt, muß erfaßt und beschrieben werden.
- Eine Analyse des in Frage kommenden Arbeitsmarktes einschließlich der Erarbeitung von Adressenmaterialien der einschlägigen Arbeitgeber und Branchen und der Anforderungen muß vorgenommen werden.

Je genauer diese Analyse ist, desto zielgerichteter können Sie Ihre Jobsuche gestalten und Vermittlungswege finden. Hier liegt eine der großen Schwierigkeiten der öffentlichen Vermittlung. Zwar sind die allgemeinen Anforderungen bekannt, aber oft lassen sich die persönlichen Bewerberprofile und Stellenbeschreibungen teilweise nur unscharf herausarbeiten. In diesem Zusammenhang macht sich besonders deutlich der mangelnde Kontakt mit auswärtigen Bewerbern und Arbeitgebern bemerkbar.

Was erwartet ein Arbeitgeber von Ihnen, wenn Sie Berufsanfänger mit abgeschlossenem Studium sind? In der Regel sollten Sie zügig in angemessener, d.h. „durchschnittlicher" Studiendauer Ihr Studium durchlaufen und eine gute bis sehr gute Note erzielt haben[11]. Sie sollten nicht nur die fachlichen Kenntnisse und Fertigkeiten der Ausbildung präsent haben – Spezialisierungen im Studium sind nicht unbedingt erforderlich – sondern auch die persönlichen Fähigkeiten für die in Frage kommende Anfangsstellung mitbringen. Praktische Erfahrungen, sei es durch eine abgeschlossene Berufsausbildung oder Praktika u.ä. sind von Vorteil und gewinnen an Bedeutung. So werden beispielsweise für eine/n *Diplom-Kaufmann/frau im Vertrieb* folgende Anforderungen an die Person gestellt: Kontaktfreudigkeit und sicheres Auftreten, Verhandlungssicherheit, guter mündlicher und schriftlicher Ausdruck, Reisetätigkeit. Für eine/n *Betriebswirt/in, im Rechnungswesen,* sehen diese Anforderungen ganz anders aus: Erwartet werden analytisches Denkvermögen, Durchsetzungs- und Kritikfähigkeit und Gefühl für Zahlen. Die Tatsache, daß Sie auch als Person beurteilt werden, ist nicht zu unterschätzen: Sie sollen zum Unternehmen, zu dem vorgesehenen Einsatzbereich, in die Abteilung und zu den Mitarbeitern und Vorgesetzten „passen". Deshalb müssen auch Sie sich über Ihre Eigenschaften (Stärken und Schwächen) im Klaren sein und herausfinden, welche Einsatzbereiche für Sie in Frage kommen und welche nicht. Neben Berufsanfängern suchen die Arbeitgeber heute gezielt den jüngeren berufserfahrenen Bewerber, der möglichst aus der Branche mit einschlägiger Praxis im vorgesehenen Einsatzbereich kommen sollte. Erfahrungsgemäß sind diese Bewerber aber nicht sehr zahlreich. Hier wäre der intensive Kontakt zwischen Vermittler und Stellenanbieter besonders notwendig, damit qualifizierte alternative Vermittlungsvorschläge gemacht werden können.

Für die Hauptaufgabe, die Vermittlung, nach dem Gesetz vorrangige Aufgabe[12], stehen dem FVD mehrere Möglichkeiten zur Verfügung:

- Vermittlung aus der „Kartei",
- Computerunterstützte Arbeitsvermittlung (Coarb),
- Bewerber- und Stellenanzeiger „Markt und Chance",
- Inserate in Zeitungen und Fachzeitschriften und Bildschirmtext,
- Auswertung der Stellenanzeigen in der einschlägigen Presse,
- Initiativvermittlung, und
- halboffene Stellenvermittlung „Micros".

Die Vermittlungsvorschläge über einen oder mehrere Vermittlungswege erfolgen in der Regel durch die Vorlage der Bewerbungsunterlagen.

Alle Bewerbergesuche und Stellenangebote, die dem FVD vorliegen werden nach fachlichen Merkmalen für Funktion, Ausbildungsrichtung und Tätigkeit des Qualifikations- oder Anforderungsprofils verschlüsselt in einen Computer eingegeben und miteinander verglichen[13]. Mit Hilfe der Computerdaten entscheidet der Vermittler unter Zuhilfenahme der Bewerbungsunterlagen und weiterer Informationen in einem mehrstufig angelegten Auswahlverfahren, ob Sie vorgeschlagen werden oder nicht.

Die Bundesanstalt arbeitet zur Zeit an einem Programm für direkte Computervermittlung. Dieses „on-line"-Verfahren hätte den Vorteil, daß das gesamte der FV vorliegende Stellenangebot aus dem Bundesgebiet und West-Berlin *unmittelbar* zugänglich ist.

Bewerbergesuche werden im Bewerberanzeiger „Markt und Chance" oder Fachzeitschriften sowie auch in der einschlägigen Presse veröffentlicht („ZEIT" und andere überregionale Zeitungen). Ist ein Arbeitgeber interessiert, fordert er die entsprechenden Bewerbungsunterlagen an und entscheidet, ob er Kontakt mit Ihnen aufnehmen will oder nicht.

Aufgrund seiner Kenntnis der Unternehmungen und Verwaltungen im Einzugsbereich ist der Vermittler in der Lage, Vorschläge an die Arbeitgeber zu machen, auch wenn ihm kein konkretes Stellenangebot vorliegt. Diese Art der Vermittlung kommt besonders bei großen Firmen oder Verwaltungen zum Tragen, die häufig auch dann an Bewerbern interessiert sind, wenn sie keine Stelle ausgeschrieben haben. Darüber hinaus spielt diese Vermittlungsschiene eine besondere Rolle für die Teilarbeitsmärkte, für die das Stellenangebot im Verhältnis zur Bewerberzahl gering ist, also namentlich für Berufe, die eher auf eine Beschäftigung im öffentlichen Dienst angewiesen sind. Um in manchen Berufsfeldern eine Chance für Berufserfahrung zu eröffnen, die notwendig für eine dauerhafte Beschäftigung ist, lassen sich Stellenangebote und alternative Beschäftigungsmöglichkeiten sehr oft nur über die Initiierung von Arbeitsbeschaffungsmaßnahmen (ABM) gewinnen. Die Erschließung von ABM-Möglichkeiten verlangt jedoch ein hohes Maß an Phantasie und Kreativität und ist zudem auch zeitaufwendig, weil Träger gewonnen werden müssen.

Die Auswertung der Stellenanzeigen in der einschlägigen Presse erschließt weitere Möglichkeiten von Vermittlungsvorschlägen.

Sie ist aber aufgrund der allgemeinen Belastung der Vermittler und Berater eher dem Zufall und der Routine des Vermittlers zu verdanken. Fällt dem Vermittler bei der Durchsicht der Anzeigen ein passender Bewerber ein, so macht er einen Vorschlag direkt oder veranlaßt den Bewerber, sich selber mit dem Stellenanbieter in Verbindung zu setzen. Eine systematische Durchsicht der Bewerberkartei auf Vorschläge kann aufgrund des hohen Zeitaufwandes kaum geleistet werden.

In den FVD's befinden sich Mikrofilm-Lesegeräte, die einen oberflächlichen Vergleich des Stellenangebots aus der Bundesrepublik ermöglichen. Der Arbeitgeber ist dem Bewerber nicht unmittelbar zugänglich – „halboffene Vermittlung" –, denn für einen qualifizierten Vorschlag bedarf es der Beratung der Bewerber durch die Vermittler. Dieser ist in der Lage, zusätzliche Informationen abzurufen, sei es durch seine Kenntnis der angebotenen Stelle, oder durch Kontaktaufnahme mit dem stellenbetreuenden Vermittler. So kann im Gespräch Bewerber Vermittler die Initiative des Bewerbers unterstützt werden.

Während einerseits die Vermittlungskontakte mit *Großfirmen* und der *öffentlichen Hand fast routinemäßig und erfolgreich* ablaufen, scheint die *initiative Werbung von Stellen* und deren weitere „vermittlerische" Betreuung *gerade von kleineren und mittleren Firmen,* die nicht so häufig qualifizierte Fachkräfte suchen, *nicht möglich, obwohl sie hier besonders notwendig wäre,* um möglichst vielen Bewerbern weitere Beschäftigungsmöglichkeiten zu erschließen. Der von Arbeitgebern häufig zu hörende Satz: „Es gibt über 2 Millionen Arbeitslose, aber das Arbeitsamt kann keine geeigneten Bewerber vorschlagen", würde sicherlich eine Korrektur erfahren, wenn eine intensive Beratung direkt durch die Vermittler und Berater des Stellenanbieters erfolgte. Die genaue Prüfung seiner Anforderungen und deren eventuellen Modifikationen könnten eine gezielte Suche ermöglichen, die auch Alternativen miteinschließt. Denn der „Idealkandidat" ist selten zu finden, gerade in Teilarbeitsmärkten, in denen ein vergleichsweise hohes Stellenangebot vorliegt[14], aber die Struktur der Bewerber oft nicht den geforderten Qualifikationen entspricht[15].

Eine verstärkte Initiative ist besonders auf dem Arbeitsmarkt für erziehungs- und sozialwissenschaftliche Berufe notwendig. Hier ist erstens das Stellenangebot knapp, weil die öffentliche Hand mit Einstellungen restriktiv verfährt. Für diese Berufe läßt sich zweitens in vielen Fällen eine berufliche Perspektive erst über ABM verwirklichen. Der Arbeitsaufwand ist hier besonders hoch. Es müssen Träger gewonnen werden. Diese bedürfen wiederum einer intensiven Beratung über die Modalitäten. Die organisatorische Abwicklung der Maßnahme von der Begutachtung über die Auswahl der Bewerber bis hin zur laufenden Betreuung kommt hinzu. Dennoch kann gesagt werden, daß ABM ein wichtiges Arbeitsmarktinstrument sind. *Zirka ein Drittel der ABM-Stellen werden in Dauerarbeitsplätze umgewandelt*[16].

Voraussetzung für alle „vermittlerischen" Aktivitäten ist aber ebenso die Kenntnis über den Bewerber und dessen Beratung. Hier hätten Sie, wenn Sie im unmittelbaren Einzugsbereich des zuständigen FVD wohnen, einen eindeutigen Vorteil gegenüber den Bewerbern, die über die zugeordneten Ämter an den FVD gelangen. Diese haben zwar auch jederzeit Zugang zum Vermittler, aber der zeitliche und finanzielle Aufwand eines Besuchs beim FVD setzt enge Grenzen.

Dem wird durch *Präsenztage der FVD-Mitarbeiter* in den Ämtern beziehungsweise Außenstellen entgegengewirkt. Da aber, wie bereits mehrfach erwähnt, der Vermittler oder Berater durch die Zuarbeit zur Leistungsabteilung einen Großteil seiner Arbeitszeit am Sitz des FVD aufwenden muß, *verbleibt für die Beratung der auswärtigen Bewerber nur ein Bruchteil der Zeit.*

Die Erstellung der Bewerbungsunterlagen für die Vermittlung und die Eigenbemühung bedarf großer Sorgfalt. Sie sind die *Visitenkarte, das Entree des Bewerbers.* Das wird nicht allzu selten verkannt. Sie müssen den allgemeinen Gepflogenheiten und formellen Bedingungen entsprechen. Zwar gibt es mittlerweile auf diesem Sektor eine umfangreiche Literatur, aber individuelle Besonderheiten in der Bewerbung finden häufig keine adäquate Berücksichtigung. Die Erstellung eines Lebenslaufs und die Zusammenstellung der Zeugnisse werfen immer wieder Fragen auf, die nur im Gespräch beantwortet werden können.

Noch viel wichtiger ist aber die Beratung des Bewerbers hinsichtlich seiner Eigenbemühungen, einen Arbeitsplatz zu finden. Wie bereits erwähnt, betreut der FVD nur einen Teil des

Arbeitsmarktes. Ergänzend dazu muß der Bewerber intensive Eigenanstrengungen unternehmen.

d) Manchmal helfen nur Umschulung und Fortbildung weiter

Oft wird die berufliche Eingliederung ohne besondere Anstrengung nicht zu bewerkstelligen sein. Berufliche Kenntnisse müssen ergänzt, angepaßt oder aufgefrischt werden: *Fortbildung.* Für andere ist eine berufliche Neuorientierung erforderlich: *Umschulung.* Im FVD nimmt diese Aufgaben vornehmlich der *Arbeitsberater* wahr. Da aber auch derartige Maßnahmen nicht das generelle Beschäftigungsproblem lösen können, muß nach individuellen Lösungen gesucht werden. Die *Bedeutung* der *beruflichen Weiterbildung* zeigt sich daran, daß *46 % der Teilnehmer, die erfolgreich* eine *Bildungsmaßnahme durchlaufen haben, sofort* danach eine *Beschäftigung aufgenommen* haben[17]. Dabei war die Erfolgsquote bei betrieblicher Einarbeitung besonders hoch[18]. Gerade die Kenntnis der Erfordernisse am Arbeitsmarkt, der Überblick über die vielfältigen Möglichkeiten der organisierten Weiterbildung und nicht zuletzt die Kontakte mit den Betrieben machen die FVD zu einem kompetenten Gesprächspartner.

Es können aus dem Angebot an Weiterbildungsmöglichkeiten die adäquaten Fortbildungsgänge ausgewählt werden. Es lassen sich aber auch individuelle Bildungsinhalte in Zusammenarbeit mit den Betrieben entwickeln. Daneben werden durch den FVD spezielle Auftragsmaßnahmen mit Bildungsträgern initiiert und eingerichtet, die am „freien" Bildungsmarkt nicht existieren. Sie sind auf die Vorkenntnisse und Lernmöglichkeiten ausgerichtet und an den Erfordernissen des Arbeitsmarktes orientiert: *Zum Beispiel Datenverarbeitungslehrgänge für Lehrer im Rahmen der beruflichen Neuorientierung oder Zusatzkenntnisse in Mikroelektronik für Ingenieure.*

Obwohl der gesetzliche Rahmen des Arbeitsförderungsgesetzes (AFG) die Förderung von berufspraxislosen Hochschulabsolventen durch Zahlung von Unterhaltsgeld ausschließt, kann der FVD durch intensive Beratung Lösungsmöglichkeiten aufzeigen und realisieren helfen. Aber auch hier stößt der Berater an Kapazitätsgrenzen. Hin und wieder gibt es auch „Maßnahmen zur Verbesserung der Vermittlungsaussichten", bis zu 6-wöchige Berufsorientierungsseminare der FVD, die Informationslücken beseitigen und wichtige Tips geben sollen. *Fragen Sie in jedem Fall danach,* auch wenn Sie erfahren sollten, daß Sie bei den Beratern selbst umstritten sind.

e) Informieren Sie sich umfassend

Die Hochschulen in der Bundesrepublik bereiten die Studenten zwar fachlich auf einen Beruf vor, aber der Übergang in den Beruf, der auch für Absolventen mit „guten" Arbeitsmärkten nicht so ohne weiteres zu bewältigen ist, wird bis auf einzelne punktuelle Maßnahmen außer acht gelassen. Die FVD führen an den Hochschulen entweder allein oder in Zusammenarbeit mit anderen Institutionen – Verbände, Betriebe, Studentenvertretungen – *Informationsveranstaltungen* durch. Dabei werden einerseits die spezifischen Arbeitsmarktstrukturen und die Anforderungen der Teilarbeitsmärkte für die jeweilige Fachrichtung aufgezeigt und andererseits Bewerbungs-, Vorstellungsverfahren, Termine, Arbeitsbedingungen und vieles mehr behandelt.

Zusammenfassung

1. Der FVD deckt einen Teil des Arbeitsmarktes für Hochschulabsolvent(inn)en ab. Er bietet den Vorteil, Sie auf Stellenangebote vorzuschlagen, die Ihnen anderweitig nicht zugänglich sind. Dies trifft besonders für ABM zu. Darüber hinaus kann er aufgrund seiner Kenntnisse des Arbeitsmarktes entweder zusätzliche Vermittlungswege durch Initiativvorschläge, Anzeigenauswertung, Inserate und so weiter erschließen. Oder er kann durch Anregungen, Informationen und Bereitstellung von Materialien, Adressen die Eigenbemühungen des Absolventen unterstützen bzw. initiieren. *Seine Schwäche liegt darin, daß aufgrund der beschriebenen organisatorischen Einbindung in ein Arbeitsamt und der damit verbundenen Doppelfunktion als*

überregionale und Arbeitsamtsvermittlungseinrichtung die Kapazität für die vielfältige, notwendige und intensive Vorbereitung der Vermittlung und damit die Vermittlung selber entscheidend eingeschränkt ist. Inwieweit der Einsatz moderner Kommunikationsmittel, insbesondere der „on-line"-Computervermittlung Abhilfe schaffen kann, ist nicht abzusehen. Da auch nicht mit wesentlicher, dem Bedarf entsprechender Personalmehrungen in absehbarer Zeit zu rechnen ist, wäre eine Trennung der „vermittlerischen" und leistungsrechtlichen Tätigkeiten die einzige Möglichkeit, Vermittlungs- und Beratungsumfang bedarfsgerecht auszuweiten.

2. Auf dem Gebiet der *Fortbildung und Umschulung* besonders für die Berufe mit abgeschlossenem Studium, deren Absorption durch die traditionellen Arbeitgeber Grenzen gesetzt sind, hat der *FVD eindeutig eine Domäne. Er besitzt das nötige know-how:*
   - Kenntnisse über die Anforderungen am Arbeitsmarkt und
   - Kenntnisse über die Ausbildungsprofile, -wege, -institutionen und -finanzierungen.

   Darüber hinaus hat er die Kontakte zu den Arbeitgebern in seiner Region. Der FVD verfügt zusätzlich nach AFG über die Mittel, Bildungsgänge zu fördern. Er richtet spezielle Bildungsmaßnahmen ein, die am freien Bildungsmarkt nicht angeboten werden, die auf die Qualifikationsprofile zugeschnitten sind. Derartige Bildungsmaßnahmen bieten dann eine besondere Integrationschance für die Absolventen, wenn sie mit einem betrieblichen Praktikum verbunden sind. Die Bemühungen, derartige Maßnahmen einzurichten, stoßen aber nicht nur auf begrenzte Kapazität der Arbeitsberater, sondern auch auf die begrenzte Aufnahmefähigkeit des Arbeitsmarktes.
3. Die *Position des FVD am Arbeitsmarkt verschafft ihm vielfältige Kenntnisse über Ausbildung an den Hochschulen, Fähigkeiten und Fertigkeiten der Absolventen und Qualifikationsprofile der Industrie, Wirtschaft und Verwaltung.* Die Kenntnisse weiterzugeben und somit den Übergang vom Studium in den Beruf so reibungslos wie möglich zu gestalten, kann auf institutionalisiertem oder informellem Wege geschehen. Hier wäre noch Einiges zu leisten.

Es soll aber nicht einseitig einer Ausrichtung der Ausbildung aufdie Erfordernisse des Arbeitsmarktes das Wort geredet werden. Sicherlich haben andere Prioritätensetzungen auch ihre Berechtigung. Zu erwarten, der FVD könne das Beschäftigungsproblem für Hochschulabsolventen lösen, hieße, Aufgaben und Möglichkeiten des FVD zu verkennen. Dennoch ist festzuhalten, daß der FVD trotz der deutlichen Schwächen ein wichtiger Partner auf diesem Teilarbeitsmarkt ist.

Anmerkungen zu Kapitel 13

1 Vgl. Beiträge zur Arbeitsmarkt- und Berufsforschung (BeitrAB) 61.2, Ausbildungsspezifische Strukturdaten, Teil 2: Schulische Ausbildung, Nürnberg, 1984

2 Vgl. Arbeitsmarktbeobachtungen der Fachvermittlung für besonders qualifizierte Fach- und Führungskräfte, Bericht über das Jahr 1985, veröffentlicht in den Amtlichen Nachrichten der Bundesanstalt für Arbeit (ANBA) 5/1986, S. 740 und Kurzbericht über das 1. Halbjahr 1986, ANBA 10/1986, S. 1393 – eigene Zusammenstellung.

3 Vgl. ANBA 10/1986, 1393

4 ebenda, S. 1395

5 Vgl. Tessaring, Manfred, Weißhuhn, Gernot, Der Bestand an Hochschulabsolventen bis zum Jahre 2000, in: Mitteilungen aus der Arbeitsmarkt- und Berufsforschung, MittAB 1/85, S. 84ff

6 Eigene Erhebung

7 In diesem Zusammenhang kam es darauf an, durch die Relation Mitarbeiter – Bewerber die Belastungssituation in den FVD allgemein zu illustrieren. Dabei kann nicht im einzelnen dargelegt werden, inwieweit regionale Besonderheiten, Unterschiede in den einzelnen Berufen, Stellenangebote oder auch die Wirtschaftsstruktur im betreuten Gebiet die Situation beeinflussen.

8 Vgl. Beilage zur Wirtschaftswoche, Abitur '86 – Berufe und Perspektiven, Sonderheft 1/1986, Stand: 1985

9 Die Überlastung der FVD ist nicht neu und schon seit längerem Gegenstand von Forderungen nach zusätzlichen Mitarbeitern; vgl. „Die Zeit" vom 12.2.1982

10 Die Aufteilung ist dort untergliedert in weitere Berufsbereiche, wo die Zahl der Bewerber und Stellenangebote dies gebieten.

11 Vgl. „Kurzbeobachtungen" ANBA 9/85, S. 1157 sowie die jährlich erscheinenden ausführlichen Arbeitsmarktbeobachtungen der FV ebenfalls veröffentlicht in ANBA div. Jahrgänge.

12 Vgl. § 5 Arbeitsförderungsgesetz (AFG) i.d.g. Fassung.

13 Die gesamte Arbeit des FVD unterliegt dem Datenschutzgesetz und den Bestimmungen des Sozialgesetzbuches; so auch die Coarb.

14 Hierin ist m.E. der entscheidende Unterschied zur Arbeit von Personalberatern zu sehen. Diese können nach dem Idealkandidaten suchen. Sie widmen sich wenigen Angeboten, eruieren die Qualifikationsmerkmale, betriebliches Umfeld und suchen danach die Kandidaten aus. Die „öffentliche" Arbeitsvermittlung ist als Sozialbehörde

verpflichtet, auch den Bewerber vorzuschlagen, der nicht unbedingt den Vorstellungen der Arbeitgeber entspricht. Dieser Umstand trägt ihr den Vorwurf ein, nicht gerade eine effektive Vermittlung zu betreiben. Aber nur durch diese Art der Vermittlung kann auch für den vermeintlich schwächeren Bewerber der Arbeitsmarkt geöffnet werden, zumal auch die Arbeitsvermittlung geeignete Bewerber vorzuschlagen hat.

15 Beispielsweise kann hier der derzeitige Arbeitsmarkt für Datenverarbeitungsfachkräfte genannt werden. Dieser hohe Bedarf zwingt die Stellenanbieter zu „Ausweichstrategien": so haben Lehrer mit (möglichst) mathematisch/naturwissenschaftlicher Fächerkombination oder aber mit einer Zusatzausbildung in Datenverarbeitung gute Chancen auch in der technischen Dokumentation.

16 Bei dieser Einschätzung handelt es sich um einen Erfahrungswert.

17 Vgl. Hofbauer, Hans, Berufliche Weiterbildung für arbeitslose Jungakademiker, in: MittAB 3/85, S. 313
Für eine fundierte Entscheidung über eine Fortbildung oder Umschulung bedarf es einer umfangreichen Information. Unterlagen, Broschüren und Berufsbilder besonders für Umschüler sind leider zur Zeit noch wenig erwachsenengerecht aufgearbeitet. Sie wenden sich vornehmlich an den Schulabgänger, also den Jugendlichen. So verfügen die Berufsinformationszentren (BIZ) und -stellen zwar über umfangreiches Material, das aber die berufliche Erfahrung und die Kriterien für eine Berufsumorientierung eines Erwachsenen nicht berücksichtigt. Aber auch außerhalb der Arbeitsämter finden sich derartige Informationen nur vereinzelt. Die Bedeutung wird durch die Qualifizierungsoffensive der BA unterstrichen.

18 Vgl. ebenda.

Anlage 1

Fachvermittlungsdienste:

Augsburg
Sieglindenstraße 4
8900 Augsburg
Telefon (0821)31 51-1

Berlin
Charlottenstraße 90
1000 Berlin 61
Telefon (030)25 84-1

Bielefeld
Friedenstraße 19
4800 Bielefeld
Telefon (0521) 5 87-0

Bochum
Universitätsstraße 66
4630 Bochum
Telefon (0234) 3 05-0

Bonn
Villemombler Str. 101
5300 Bonn
Telefon (0228) 5 24-1

Bremen
Außer der Schleifmühle 4
2800 Bremen 1
Telefon (0421) 30 77-0

Dortmund
Alter Mühlenweg 78
4600 Dortmund
Telefon (0231) 12 03-1

Düsseldorf
Immermannstr. 65 D
Postanschrift:
Postfach 11 30
4000 Düsseldorf
Telefon (0211) 82 26-1

Frankfurt
Fischerfeldstraße 10–12
6000 Frankfurt
Telefon (069) 21 71-0

Freiburg
Kaiser-Joseph-Str. 168
7800 Freiburg
Tel. 07 61/27 10-1

Gießen
Landgraf-Philipp-Platz 3–7
6300 Gießen
Telefon (0641) 3 05-0

Göttingen
Friedländer Weg 55a
3400 Göttingen
Telefon (0551) 4 02-1

Hamburg
Kurt-Schumacher-Allee 16
2000 Hamburg 1
Telefon (040) 24 85-0

Hannover
Brühlstraße 4
3000 Hannover 1
Telefon (0511) 1 07-0

Karlsruhe
Werderstraße 40
7500 Karlsruhe 1
Telefon (0721) 69 05-1

Kiel
Muhliusstraße 38
2300 Kiel 1
Telefon (0431) 51 16-0

Köln
Luxemburger Str. 121
5000 Köln 41
Telefon (0221) 4 75-0

Mainz
Schießgartenstraße 6
6500 Mainz
Telefon (06131) 2 52-1

München
Lindwurmstraße 117
8000 München 2
Telefon (089) 51 54-1

Münster
Wolbecker Str. 45–47
4400 Münster
Telefon (0251) 6 98-1

Nürnberg
Kontumazgarten 19
8500 Nürnberg 80
Telefon (0911) 28 74-0

Oldenburg
Osterstraße 15
2900 Oldenburg
Telefon (0441) 2 28-1

Saarbrücken
Am Arbeitsamt 1–5
6600 Saarbrücken
Telefon (0681) 50 04-0

Stuttgart
Neckarstraße 155
7000 Stuttgart
Telefon (0711) 26 30-1

Würzburg
Ludwigkai 2–3
8700 Würzburg
Telefon (0931) 8 07-1

Zentralstelle für Arbeitsvermittlung

Feuerbachstraße 42–46
6000 Frankfurt/M. 1
Telefon (069) 71 11-1

Anlage 2

FVD	zugeordnete Arbeitsamtsbezirke:
Augsburg	Augsburg, Donauwörth, Kempten, Memmingen
Berlin	Landesarbeitsamtsbezirk Berlin (West)
Bielefeld	Bielefeld, Detmold, Herford, Paderborn
Bochum	Bochum, Essen, Gelsenkirchen, Oberhausen, Recklinghausen, Wesel
Bonn	Bonn, Brühl, Siegen
Bremen	Bremen, Bremerhaven, Osnabrück, Stade, Verden
Dortmund	Dortmund, Hagen, Hamm, Iserlohn, Meschede, Soest
Düsseldorf	Düsseldorf, Duisburg, Krefeld, Mönchengladbach, Solingen, Wuppertal
Freiburg	Freiburg, Konstanz, Lörrach, Offenburg, Rottweil, Villingen-Schwenningen
Frankfurt	Darmstadt, Frankfurt, Fulda, Hanau, Limburg, Offenbach, Wiesbaden
Gießen	Bad Hersfeld, Gießen, Kassel, Korbach, Marburg, Wetzlar
Göttingen	Braunschweig, Göttingen, Goslar
Hamburg	Bad Oldesloe, Elmshorn, Hamburg, Heide, Lübeck (*nur* Hauptamt und Dienststelle Timmendorfer Strand), Neumünster (*nur* Dienststellen Hohenwestedt und Kaltenkirchen)

Hannover	Celle, Hameln, Hannover, Helmstedt, Hildesheim, Lüneburg, Nienburg, Uelzen
Karlsruhe	Heidelberg, Karlsruhe, Mannheim, Pforzheim, Rastatt
Kiel	Flensburg, Kiel, Lübeck (*nur* Dienststellen Eutin, Neustadt und Oldenburg), Neumünster (*nur* Hauptamt und Dienststellen Bad Segeberg, Nortorf und Rendsburg)
Köln	Aachen, Bergisch Gladbach, Düren, Köln
Mainz	Bad Kreuznach, Koblenz, Landau, Ludwigshafen, Mainz, Mayen, Montabaur, Neuwied
München	Deggendorf, Freising, Ingolstadt, Landshut, München, Passau, Pfarrkirchen, Rosenheim, Traunstein, Weilheim
Münster	Ahlen, Coesfeld, Münster, Rheine
Nürnberg	Ansbach, Bamberg, Bayreuth, Coburg, Hof, Nürnberg, Regensburg, Schwandorf, Weiden, Weißenburg
Oldenburg	Emden, Leer, Nordhorn, Oldenburg, Vechta, Wilhelmshaven
Saarbrücken	Kaiserslautern, Neunkirchen, Pirmasens, Saarbrücken, Saarlouis, Trier
Stuttgart	Aalen, Balingen, Göppingen, Heilbronn, Ludwigsburg, Nagold, Ravensburg, Reutlingen, Schwäbisch Hall, Stuttgart, Tauberbischofsheim, Ulm, Waiblingen
Würzburg	Aschaffenburg, Schweinfurt, Würzburg

IV. Der „alternative“ Arbeitsmarkt

14. Kapitel

Arbeit in „alternativen“ Projekten – Wagnis und Chance

(Lore Schultz-Wild)

- Genug Arbeit nach Wahl bei selbstbestimmter Zeiteinteilung statt zwangsweiser Arbeitslosigkeit.
- Gemeinsame Entscheidungen nach ausführlichen Diskussionen und keine Hackordnung, kein „Der Boss bestimmt!“
- Verdienst entsprechend den individuellen Bedürfnissen statt abgelehnter Gehaltserhöhung.
- Sinnvoll und gleichberechtigt arbeiten mit Lust und nie mehr: Druck, Routine, Frust ...

Wer unter solchen Gesichtspunkten sein Heil mit „den Alternativen“ versuchen will, wird wohl – selbst wenn er eine Gruppe fände, die tatsächlich bereit wäre, ihr Heil mit ihm zu versuchen – nach kurzer Zeit entnervt das Handtuch werfen. Denn „arbeiten alternativ“ ist zwar auch all das, aber eben noch viel mehr. Wer es ernst meint mit dem „anders“ arbeiten, mit „anders“ lernen, „anders“ den Lebensunterhalt sichern und „anders“ miteinander umgehen, muß sich rechtzeitig klar über eines werden: Alternative zur Leistungs-, Konkurrenz- und Konsumgesellschaft, aus der so viele „aussteigen“ wollen, ist nicht das Schnorrerparadies für „Aufspringer“, um nicht zu sagen: Trittbrettfahrer, die auf Kosten anderer beim ego-trip ihre große Freiheit verwirklichen wollen.

Es gibt da einen Berg von Mißverständnissen, und das ist kein Wunder: Allzu unterschiedlich sind die Ausgangspunkte, Erwartungen, Fähigkeiten, Vorerfahrungen und Bereitschaften derjenigen, die da neue Wege gehen und sich aus alten Zwängen lösen wollen. Es werden auch fleißig Etiketten verteilt, die zwar zur Klärung beitragen wollen, aber allzuoft die Verwirrung noch vergrößern, denn eindeutige Trennungslinien lassen sich nicht ziehen.

Neue Selbständige werden wohlwollend jene genannt, denen es vor allem darum geht, unabhängig von Konzern, Betrieb oder sonstigem Chef, als ihr „eigener Herr" in einer selbst gefundenen Marktlücke ihr Auskommen zu finden, beziehungsweise gutes Geld zu machen.

Besondere Kennzeichen: Solide Ausbildung und „guter Riecher", eine dicke Portion Selbstvertrauen, Zielstrebigkeit, Wendigkeit und ein Minimum an finanzieller Polsterung beziehungsweise Kreditwürdigkeit.

Besondere Gefährdung: Der Rutsch zurück in den Status eines mehr oder weniger erfolgreichen Kleinstunternehmers, allen Zwängen und Überraschungen des Marktes unterworfen.

Dualwirtschaftler sehen ihr Ziel in der Verknüpfung von üblicher Erwerbsarbeit (einschließlich Karriere, Konkurrenz und anderen Belastungen) mit der sogenannten autonomen oder „Eigenarbeit": unbezahlt, ohne soziale Absicherung, unabhängig, ohne weitere Ausbildung.

Besondere Kennzeichen: Enttäuschung über konventionelle Berufsausübung, Rückbesinnung auf befriedigende, den ganzen Menschen fordernde Arbeits- und Lebensformen, Betonung der Familienarbeit für Männer, gewisser Einkommensverzicht.

Besondere Gefährdung: Rückzug in selbstgenügsame Kleingruppen, Verzicht auf langumkämpfte Rechte und Einflußmöglichkeiten der Arbeiterbewegung, Illusionen von Autonomie in der Industriegesellschaft.

Selbsthilfeprojekte bieten die größte Variationsbreite beim Versuch einer Definition. Das Spektrum reicht von der Arbeitslosen-Wohngemeinschaft über „florierende" Flohmarkt- und Entrümpelungs- oder Transportaktivitäten bis zu offiziell anerkannten, kirchlich, staatlich oder anderweitig geförderten (Weiter-)Bildungskursen und Beschäftigungsmöglichkeiten.

Besondere Kennzeichen: Viel Eigeninitiative, kein Geld, vielfach enttäuschende Vorerfahrungen, wenig berufliche Qualifikationen.

Besondere Gefährdung: Zusammenbruch wegen ungenügender Unterstützung, fehlender Finanzen, Gruppenreibereien.

Alternative Dienstleistungen werden vor allem von jenen erbracht, die mit ihrer fachlichen Ausbildung überwiegend im sozialen, medizinischen und kulturellen Bereich außerhalb der Institutionen „einsteigen".

Besondere Kennzeichen: Große, auch offiziell anerkannte Erfolge bei der „Kundschaft", qualifizierte, bürgernahe, engagierte Arbeit für Randgruppen, 3. Welt, Kommunikation u.a., sinnvolle Tätigkeit im Team.

Besondere Gefährdung: Selbstausbeutung und/oder Mißbrauch als „nützliche Idioten des versagenden Sozialstaats".

Selbstverwaltete Betriebe kommen dem Idealbild vom „anders" arbeiten wohl am nächsten, denn hier geht es weder um Notlösungen oder Vereinzelung, noch um Resignation, sondern vielmehr um zielstrebige, kollektive Versuche einer neuen Arbeitsorganisation, um Eigenverantwortung und Selbstbestimmung.

Besondere Kennzeichen: Keine Hierarchien, Kostendeckung anstelle von Bereicherung für einzelne, lernen, arbeiten, leben und entscheiden in Gemeinschaft, vielseitige Arbeit für alle statt Spezialistentum.

Besondere Gefährdung: Scheitern an den eigenen Ansprüchen, Überforderung der Gruppenmitglieder, Geldmangel oder Abhängigkeit von Geldgebern, Uneffizienz und/oder Selbstausbeutung.

Schwarzarbeiter werden diffamierend immer wieder jene geschimpft, die nicht etwa in betrügerischer Absicht an Finanzamt und Versicherungen vorbei dickes Geld verdienen, sondern sich zusammentun, um mit vereinten Kräften Lebens- und Arbeitsbedingungen zu schaffen, die ihnen sonst niemand bietet.

In alternativer Arbeit der einen oder anderen Art sehen immer mehr Menschen die letzte Chance zum Aus-, Um- und (Wieder-) Einsteigen. Aber wie läßt diese Chance sich verwirklichen? Wo? Mit wem? Wann?

Am besten gleich. Die erste nützliche Tat ist Kontaktaufnahme. Sei's mit Informanten, beispielsweise von „die geschäftsidee" für ambitionierte Klein-Unternehmer, sei's in Form eines Besuchs bei einem Alternativprojekt. Anstoß dazu ist oft der Griff zum alternativen Adressbuch, Stadt- oder Statt-Buch und ähnlichem, zusätzlich ein Blick auf die „wiese“, den Kleinanzeigenteil der „taz“, der alternativen „tageszeitung“: Da gibt es Selbstdarstellungen, Hinweise, Suchanzeigen und Beteiligungsangebote in großer Zahl. Folglich muß die erste Entscheidung getroffen werden: Wo soll der Einstieg erfolgen?

Die Frage stellt sich nicht nur regional – weit weg vom bisherigen Lebens- und Wirkungskreis oder möglichst nah dran? – sondern auch inhaltlich:

- Lieber in Richtung Landwirtschaft, Natur, Ernährung?
- Lieber im Bereich Kommunikation, Begegnung, Therapie, Erfahrungsaustausch?
- Lieber in Auseinandersetzung mit und alternativer Weiterentwicklung von Technik, Produktionsbedingungen und ökonomischen Strukturen?

Natürlich hat die Antwort unmittelbar mit der letztlich alles entscheidenden Frage zu tun: Mit wem läßt sich's wagen? Wobei damit untrennbar die selbstkritische Frage verbunden ist: Was bringe denn ich an Eigenschaften, Fähigkeiten und Perspektiven mit, um das Wagnis zu bestehen? Wer wagt's mit mir?

Chancen und Wagnis der Arbeit in einem Alternativprojekt sollten zumindest ansatzweise abzuschätzen sein. (Wären alle Schwierigkeiten im Detail von Anfang an bekannt, würde sich vermutlich nicht so viel rühren, würde so manche Initiative wohl gar nicht erst ergriffen und folglich auch gar nicht erfahrbar, geschweige denn bekannt, was tatsächlich alles zu erreichen, zu verändern, zu verbessern ist.)

Darum sollten Interessenten sich vor allem informieren, wo mehr oder weniger unvermeidlich Konflikte schwelen, wo sich erfahrungsgemäß die Probleme entzünden, wo brennende Auseinandersetzungen drohen, das gesamte Vorhaben zunichte zu machen. Die Stichworte könnten etwa heißen: Geld, Gruppe, Abhängigkeiten, Rollenverständnis, „die anderen“ – und „Arbeit alternativ“.

Geld – für wen, von wem?

„Die Alternativen haben kein Geld,... brauchen kein Geld... können mit Geld nicht umgehen... wollen kein Geld..." Halbwahrheiten und Vorurteile solcher Art gibt es en masse; sie machen's den Leuten in den Projekten nicht leichter, ihre Vorstellungen zu erklären und durchzusetzen. Fest steht: Die meisten Alternativprojekte haben nicht genug Geld. Nicht weil die Beteiligten so habgierig sind oder verschwenderisch wirtschaften, sondern weil Arbeit mit dem Anspruch „menschengemäß, umweltfreundlich, konkurrenz- und herrschaftsfrei, vielfältig aber doch effektiv" einfach kostspielig ist.

Daß in vorbildlichen Projekten das Prinzip gilt: Keine Bereicherung für einzelne, daß demzufolge aus den gemeinsam erwirtschafteten Beträgen ein Einheitslohn (eventuell plus gemeinsam beschlossener Zuschläge nach individuellen Bedürfnissen) bezahlt wird, kommt vielen Beobachtern verdächtig vor, macht Geld aber keineswegs entbehrlich. Im Gegenteil. Und wenn es keine erwirtschafteten Beträge gibt? Wovon wird gelebt? Private Sparbücher sind nicht lange ergiebig und traditionelle Kreditgeber lassen vorsichtshalber die Finger von solch zweifelhaften Unterfangen.

„Staatsknete" heißt der mittlerweile durchaus gängige Begriff, der von regelrechten Subventionen und einmaligen zweckgebundenen Zuschüssen der öffentlichen Hand über den mancherorts von Bund und Kommunen finanzierten „Zweiten Arbeitsmarkt" bis zu Arbeitslosenunterstützung oder Sozialhilfe als finanzieller Basis eines Projekts alles umfassen kann.

Fachkundig-fantasievoll-engagierte Alternativwirtschaftler sind jedoch weit darüber hinaus recht erfolgreich mit Konzepten wie Kreditvermittlungsgenossenschaft, Ökobank oder der Bürgschaftsbank für selbstverwaltete Betriebe (Haftungsassoziation e.G.). Dort soll endlich nicht mehr das Streben nach Profit-Maximierung, sondern das Prinzip der Kostendeckung über die Kreditwürdigkeit entscheiden (Adressen vgl. Anhang).

Abhängigkeiten – erkennen und möglichst vermeiden
Wer es geschafft hat, sich Geld zu leihen, begibt sich in eine gewisse Abhängigkeit, verpflichtet sich zu Leistungen, oft sogar zu bestimmtem Verhalten, muß sich wehren gegen Dreinreden und Bevormundung. Insbesondere die alternativen „Dienstleistungsprojekte" von Ausländer- oder sonstiger „Randgruppen"betreuung bis zu Werkstattschulen oder psychotherapeutischen Wohngemeinschaften wollen sich weder „umarmen" noch „kaufen" lassen. Doch sie müssen befürchten, daß unser Sozialstaat Aufgaben, die er zu übernehmen hat, aber eben nicht bewältigt oder vernachlässigt, noch weiter abschiebt.

Das Fatale ist: Je erfolgreicher diese engagierten Gruppen arbeiten, desto stärker werden Andrang und Erwartungsdruck, desto ungünstiger die Arbeitsvoraussetzungen, desto heftiger Selbstausbeutung, Selbstvorwürfe und Selbstzweifel. Denn je mehr Hilfesuchende erscheinen, weil die offiziellen Stellen keine „Leistungen" (mehr) gewähren – vorzugsweise mit dem Argument der „neuen Subsidiarität", im Klartext: diese Stellen seien nicht zuständig, weil die Betroffenen sich selbst besser helfen müßten und könnten, was ja am besten bewiesen werde durch die so vorbildlich funktionierenden Initiativen! – desto schwerer fällt es, sich aus diesem Engagement wieder zurückzuziehen, die Hilfesuchenden hängenzulassen.

Auch „neue Selbständige" mit Erfolgen in ihren Nischen bleiben natürlich abhängig vom Markt: von Abnehmern, Auftraggebern, Vertragspartnern. Und größere Betriebe, auch die nach drohendem Konkurs von den Belegschaften in Selbstverwaltung übernommenen, kämpfen vor allem gegen die ihnen zugedachten Rollen: als nützliche „Juniorpartner" der Großindustrie, als „Spielplatz" für innovative, unbequeme, eigentlich ja arbeitslose aber nun tüchtig, genügsam und selbstorganisiert beschäftigte Weltverbesserer, als Alibi für die Verleumdung von sonstigen Arbeitslosen als „Faulenzer" und Versager.

Solchen Zumutungen können Einzelpersonen kaum lange widerstehen. Zu größeren Interessengruppen zusammengeschlossen jedoch können sie Freiräume für das Entstehen von besseren, menschenwürdigeren Lebens- und Arbeitsweisen durchaus schaffen: Das schon 1978 in Berlin gegründete „Netzwerk Selbsthilfe" beispielsweise, mit vielen Stützpunkten in der BRD und im benachbarten Ausland, vermittelt nicht nur Kontakte und Erfahrungsaustausch, sondern kann nach gewissen Kriterien auch Gelder in begrenzter Höhe vergeben. Und was die Berliner STATTwerke in ihrer Gründungs- und Aufbauberatung oder während der Bildungsseminare für selbstverwaltete Betriebe zu Fragen des betrieblichen Alltags vermitteln, ist mit Sicherheit letztlich mehr wert als so manche milde Spende.

Hilfreich ist natürlich auch das selbstbewußte Beispiel jener Gruppen, die sich dem üblichen „Wer zahlt, schafft an!" widersetzen können, die nach dem Lob von Sonntagsrednern auch praktische und finanzielle Unterstützung fordern, ohne deshalb die Grundsätze ihrer Arbeit aufzugeben: Selbstbestimmung, gemeinsame Entscheidungen und bedarfsgerechte Verteilung des Geldes plus kostendeckendes Wirtschaften, sinnvolles, sozial nützliches Handeln und umweltschonende Produktion.

„Die anderen" – Kumpel, Kunden, Widersacher

Ein selbstgenügsames, autonomes, von außen völlig unbeeinflußtes Wirtschaften ist in unseren Breitengraden nicht möglich. Auch nicht für Alternativprojekte. Manche mögen dies nicht wahrhaben. Andere Beteiligte streben das gar nicht erst an. Ihr Ansehen „draußen" reicht vom Vorwurf „Schwarzarbeiter" bis zum hochgepriesenen Vorbild – mit jeweils unabsehbaren Folgen für die internen Beziehungen.

Auf den ersten Blick überrascht die Feststellung, daß neben Konflikten mit etablierten Handwerksbetrieben (die eine Schmutzkonkurrenz fürchten und nicht sehen wollen, auf welch unterschiedlichen Gebieten der jeweilige Arbeitsschwerpunkt liegt) die Auseinandersetzung mit angeblichen Sympathisanten am anstrengendsten ist: „Erledigt das doch mal rasch ... es ist unheimlich wichtig ... über Geld müssen wir dann später reden ..." Mit solchen Auffassungen von „Solidarität" kommen immer wieder Schmarotzer daher.

Andererseits werden „alternative Produkte" von pflanzengefärbter Wolle und umweltschonenden Waschmitteln bis zu Sonnenkollektoren zunehmend auf durchaus konventionellen Wegen, keineswegs herrschaftsfrei, oft kostengünstiger hergestellt und geschickter vermarktet. Und der Markt samt all seinen Nischen verkraftet nun einmal nur eine gewisse Dichte, auch von Teestuben, Druckereien, Lebensmittelläden etc.

Schwierig wird es bei alternativer Konkurrenz: Vertreiben? Kooperieren? Schlucken? Sich anschließen? Eine Generallösung kann es nicht geben. Generell aber haben jene Alternativprojekte, die sich nicht als Notlösung oder Privatzuflucht, sondern als neue Lösung und Ermutigung für möglichst viele verstehen, eine starke Durchsetzungskraft; sie beruht weniger auf einem ausgeprägten „Feindbild" von „den anderen", als auf der Entschlossenheit, sich einzumischen, nicht zu resignieren, draußen in „der Gesellschaft" so manches zum Besseren zu verändern – wenn auch nicht gleich, so doch auf längere Sicht – durch das eigene Beispiel, durch kritisches, geduldiges, besseres Arbeiten.

Die Gruppe – Zuflucht und Brennpunkt

Meist ist es leichter, Einigkeit nach außen zu demonstrieren, als sie intern zu praktizieren. Doch ein Alternativprojekt ohne Grundsatzdiskussionen über Nah- und Fernziele, ohne Widerspruch zwischen Solidarität und individueller Freiheit wäre eben kein Alternativprojekt. Alle Beteiligten, vor allem die „Anfänger" müssen lernen, Streitgespräche und Auseinandersetzungen zu führen, auszuhalten und zu nutzen.

Erfahrungsgemäß entzünden sich die nervigsten Debatten nur selten an den grundsätzlichen Überzeugungen, sondern an alltäglichen Kleinigkeiten, zum Beispiel an der Unlust einzelner, unbeliebte Aufgaben für eine Weile im Allgemeininteresse zu übernehmen. Wo bleibt die Selbstbestimmung? Gemeinsamem Beschluß unterlegen!

Trittbrettfahrer, lasche Mitläufer können ein Projekt mindestens genauso gefährden wie Bedrohungen von außen, etwa fehlende Unterstützung oder starke Konkurrenz. Denn das Prinzip der Selbstverwaltung und Eigenverantwortung garantiert für sich allein noch nicht, daß die Sache auch klappt. Zum Mitentscheiden gehört unerläßlich die Bereitschaft, sich zuvor sachkundig zu machen, Bescheid wissen zu wollen, Tragweiten abschätzen zu können – in finanzieller, technischer, organisatorischer und menschlicher Hinsicht gleichermaßen.

Wo das nicht der Fall ist, entstehen auch ganz unbeabsichtigt neue Hierarchien: Durchblicker – Mitredner – Nachmacher. Dann sind Vorwürfe von „Machtgier" bis „Drückebergerei" schnell bei der Hand, dann beklagen die einen ihre Uninformiertheit und die anderen ihre Überlastung. Die Folgen dieses Ungleichgewichts sind ein ganz wesentlicher Teil dessen, was so oft „Selbstausbeutung" genannt wird, und oft werden sie drückender empfunden als Geldmangel, überlange Arbeitszeiten oder veraltete Ausstattung mit Produktionsmitteln.

Der Wahlspruch „Jeder so gut er kann, jedem so viel er braucht" ist unter Gleichfähigen wesentlich leichter zu verwirklichen als unter „nur" Gleichgesinnten. Denn unter dem Druck von Terminen, Erwartungen, Beschränkungen und Überraschungen wächst unmerklich der Argwohn einzelner, andere machten sich auf ihre Kosten einen bequemen Lenz; da wachsen Ungeduld und

Verzweiflung der jeweiligen Könner über „eigentlich“ vermeidbare Verzögerungen und Rückschläge; da fühlen sich andere wiederum bitter enttäuscht in ihren Erwartungen einer idealen Lebens- und Arbeitsweise.

Darum wird in Alternativprojekten so viel diskutiert. Denn ohne Einsicht in Zusammenhänge und Notwendigkeiten, ohne Rücksicht auf persönliche Gegebenheiten und ohne vorsichtigen Blick auf die Folgen selbstverantworteter Entscheidungen kann es weder Solidarität noch persönliche Freiheit geben.

Allerlei Rollen – erzwungen, getauscht, traditionell

Betrieb ohne Boss – das ist für die meisten Interessenten das herausragend revolutionäre Merkmal eines alternativen Projekts. Wobei Betrieb nicht gleichbedeutend sein muß mit Produktionsbetrieb, sondern ebenso den Arbeitsablauf in Beratungsinitiativen, Lebensmittel- oder Landkooperativen bezeichnet. Kann denn das überhaupt gutgehen? Es geht.

Auch wenn Ämter und Banken meist immer noch verlangen, daß „Verantwortliche“ namhaft gemacht werden und deshalb jemand so in den Akten steht. Im internen Verhältnis soll das nichts zu bedeuten haben. Freilich kostet es einige Anstrengungen, daß die Gruppen sich tatsächlich keinen Boss heranzüchten: Es ist halt so bequem, lästige Überlegungen, arbeitsaufwendige Beschlüsse oder eben „die“ Verantwortung jemand zuzuschieben, der oder die damit schon immer so gut fertig geworden ist. Wissen ist Macht, heißt es. Und weil Über-Macht unerwünscht ist, läßt sie sich eigentlich nur vermeiden, wenn alle einen gleich hohen Wissensstand haben – so mühsam das im einzelnen sein mag.

Mit „männlich kontra weiblich“ hat solche Rollenvermeidungstaktik nichts zu tun, jedenfalls nicht grundsätzlich. Aber mit simplem Rollentausch wäre nichts gewonnen, und Schwierigkeiten mit traditionellen männlichen und weiblichen Rollen gibt es zweifellos. Nicht nur, weil fast reflexhafte Verhaltensweisen oder auch Schuldgefühle immer wieder durchschlagen; nicht nur, weil es oft wirklich lästig ist, gegen Stereotype anzugehen; auch, weil es bei Männern wie Frauen Ängste gibt, die vertrauten Vorteile der traditionellen Rolle gegen unbekannte Risiken der neuen einzutauschen.

Wenn Männer „Familienarbeit" machen wollen, argwöhnen Frauen, man wolle ihnen wohl die lustvoll-spielerische Beschäftigung mit den Kindern abnehmen, die häusliche Routine aber lassen und zusätzlich noch andere Pflichten aufhalsen. Wenn Frauen mehr Beteiligung bei der „Außenpolitik" fordern, fürchten Männer, sie würden bevormundet oder an die Wand gespielt, obwohl sie eventuell den Großteil der langwierigen Vorarbeiten geleistet haben ... Rivalitäten aller Art, sei es im Umgang mit den Kindern, während der Arbeit, bei der Selbstdarstellung des Projekts oder anderen Gelegenheiten, können eine Gruppe sprengen. Ein Hauch von Rivalität jedoch, ein Wetteifern in puncto Fantasie, Ausdauer- und anderen „neutralen", überaus nützlichen Tugenden, kann jedes Projekt beflügeln.

Arbeit – wie, womit, wozu, wieviel?

Es ist ein ganz entscheidender Schritt von Gelegenheitsjob, Überbrückungsmaßnahme, Notbehelf oder Zwischenlösung zur Mitarbeit in einem alternativen Projekt. Sobald jemand nämlich entschlossen ist, sich tatsächlich auf das „andere" bei Arbeitsaufteilung, -ablauf, -zielen und so weiter einzulassen, verändert sich jedes vorher in Berufsstress und Hobby, Hand- und Kopfarbeit aufgespaltene Leben – selbst wenn das Projekt gemeinsames Wohnen gar nicht mit einschließt.

Entgegen häufigen Unterstellungen ist es ja keineswegs strittig, daß oder ob gearbeitet werden soll. Heftig diskutiert werden allerdings Umstände und Folgen der jeweiligen Arbeit und die Zusammenhänge, die den gesellschaftlichen und finanziellen Wert einer Arbeit bestimmen. Da schluckt so mancher immer noch leicht prestigebewußte und aufstiegsorientierte Neuling, wenn Tätigkeiten und Bedürfnisse von „Akademikern" nicht höher eingestuft werden als die der „Praktiker".

Als wichtig und wertvoll wird Arbeit angesehen, wenn sie den Menschen nützt, ohne der übrigen Natur zu schaden, wenn sie Rohstoffe sparen hilft und zukünftige Entwicklungen nicht schon heute belastet. Dazu tragen Umweltschutzpapierhersteller oder Erzieher aller Art nicht weniger bei als etwa Wissenschaftler, die sich der Energiegewinnung aus Windkraft verschrieben haben.

Immer wieder neu geklärt werden muß, wieviel Geld ein Mensch „braucht“; oft genug enttäuschend ist, wie wenig Geld nach intensiver Arbeit für alle gemeinsam zur Verfügung steht. Die täglich strittigen Fragen entziehen sich jeder Patentantwort:

- ob die einzelnen Projektmitglieder „genug“ arbeiten (Maßstab: Zeit? Intensität? Resultat?),
- wie Leistung gemessen werden kann, ohne die einen zu unterdrücken oder zu bespitzeln und andere zu frustrieren,
- inwieweit Selbstbestätigung bei sinnvoller und als befriedigend erlebter Arbeit aufgerechnet werden kann oder muß gegen sonstige Einschränkungen,
- wie reibungslos die gerechte Aufteilung von notwendiger und beliebter Arbeit für alle Beteiligten gelingt,
- wie ein vertretbarer Mittelweg zu finden ist zwischen lustbetontem Chaos und notgedrungener Selbstversklavung,
- wie verhindert werden kann, daß sich auf Umwegen, etwa über die dringend nötige Fachkompetenz, über Organisationsgeschick, Redegewandtheit und ähnliches, doch wieder Sonderrechte oder Vorreiterfunktionen einschleifen,
- wie sich andererseits verhindern läßt, das Bequemlinge mit dem Hinweis auf „schlechte Zeiten“ versuchen, sich von den Zielstrebigeren aushalten zu lassen,
- ob und wie es überhaupt möglich ist, schädliche, bedrohliche, unabsehbare Folgen der eigenen Arbeit zu vermeiden, wenn

doch Leistung, Markt und Nutzung so unentwirrbar vernetzt sind – in der Sozialarbeit wie in der Landwirtschaft, bei „sanfter" wie bei altbewährter Technik gleichermaßen.

Das Thema Technik zieht sich durch nahezu alle Überlegungen und Auseinandersetzungen, wobei es vernünftigerweise weder um grundsätzliche Verdammung und diffuse Ängste, noch um überschwengliche Begeisterung geht, sondern um die Frage, inwieweit Technik (langerprobt, aktuell oder erst zu entwickeln) im jeweiligen Projekt nutzbar ist. „Alternativ" an den unterschiedlichen Antworten darauf ist vor allem der Blickwinkel: Nicht größer – schneller – billiger – mehr ist das Ziel; es besteht vielmehr der Anspruch, mit Hilfe der Technik menschlicher, vielseitiger, fantasievoller und umweltschonender zu arbeiten.

Die Realität freilich kann in der Mehrzahl der Fälle diesem Anspruch noch nicht genügen. Und das liegt nicht an Unfähigkeit oder Überspanntheit der Menschen, sondern am Geldmangel – womit wir wieder beim Ausgangspunkt der Widrigkeiten wären. Nicht aus verbissener Nostalgie und Glorifizierung der guten, alten Zeit stehen in vielen selbstverwalteten Betrieben mehr oder weniger überholte Maschinen; nicht weil sie mittelprächtige Ergebnisse trotz großen Zeitaufwands, ständige Reparaturen, umweltbelastende Nebenwirkungen, Stress und noch viel direktere Gesundheitsschäden für erstrebenswert halten, sondern weil sie sich fortschrittliche, angepasste Technik einfach nicht leisten können, mühen sich die Projektbeteiligten damit ab.

Andererseits sind sie nicht blind für die Gefahren von Computerisierung und immer weiterreichender Vernetzung; sie sind nachdenklich genug, um zu erkennen, daß nicht „die" Technik auf diesem oder jenem Entwicklungsstand das Problem ist, sondern die Art und Weise, wie sie als „willfähriger Sklave" in einseitigem Interesse – in der Regel gegen Arbeitnehmer und Verbraucher – benutzt wird. Die Selbstbewußtesten und Kenntnisreichsten unter den alternativ Arbeitenden jedenfalls sehen sich durchaus in der Lage, auch den „Kollegen Computer" einfach als Werkzeug zu begreifen und seine Dienste nicht zu mißbrauchen, weder zur eigenen Verdummung, noch zur Selbstüberwachung oder zur Bespitzelung anderer.

Vom Alptraum in eine neue Wirklichkeit

Alternativ bedeutet anders. Alternativen sind Auswege und neue Ziele. Ohne Alternativen ist unsere Zukunft in unmittelbarer Gefahr:

- weil Jugendliche viel zu wenig Chancen haben, sinnvoll zu lernen, ihr Leben zu gestalten und verantwortungsbewußt als Erwachsene zu arbeiten,
- weil es für Frauen immer noch viel zu viele Nachteile, zu viel Ausnutzen von Bereitschaft und Neigungen, zu viel Unterdrükkung von Fähigkeiten und Ansprüchen gibt,
- weil der Mensch sich den Menschen und die Natur „untertan" gemacht hat und weil damit Baumsterben und Arbeitsunfälle, umkippende Gewässer, atomare Bedrohung, Berufskrankheiten und andere Übel alltägliche, geradezu unausweichliche „Phänomene" geworden sind,
- weil durch Produktionsbedingungen und angebliche Sachzwänge wie Arbeitszersplitterung und pures Rentabilitätsdenken nicht bloß Entscheidungsfreiräume, Kreativität und Verantwortungsbereitschaft auf der Strecke bleiben, sondern die Mitmenschlichkeit insgesamt.

Aus dieser Alptraumszenerie verabschieden sich mehr und mehr Menschen jeden Alters, nicht nur die Jungen, Unerfahrenen, Hilfsbedürftigen. Wer noch nicht so recht sicher ist, wohin der eigene Weg führt, sollte sich selbst einmal kurz an der Pauschalbeschreibung dieser Menschen messen.

Sie kommen zum Großteil aus einem weitgestreuten „verdächtigen Umfeld": der Studenten-Lehrlings-Schüler-Frauen-Bürgerrechts-Umweltschutz-Antiatomkraft-Friedens-Bewegung. Sie halten nichts von der Herrschaft vorgeblicher Experten, dafür viel von Eigeninitiative, Selbstverantwortlichkeit und gemeinsamem Handeln. Sie wissen wohl, wieviel Kraft es kostet, die „neuen Werte" gegen Anfeindungen und Selbstzweifel zu verwirklichen. Und sie leben ganz bewußt weiterhin nach der realistischen Erkenntnis:

„Wer keinen Mut zum Träumen hat,
hat keine Kraft zum Kämpfen."

V. Anhang

Adressen für den Alternativbereich

Für finanzielle Hilfen, vor allem Kredite, kommen vor allem die sogenannten Netzwerke in Frage. Sie gibt es in allen Bundesländern außer Schleswig-Holstein.

Die Dachorganisation dieser Netzwerke (in Berlin zusammen mit den STATTwerken) nennt sich FINANZWUNDER.

Hier sind ihre Adressen, geordnet nach Bundesländern:

Direktkreditvermittlungen:

Baden-Würtemberg.

Freiburg	Netzwerk Dreyecksland Habsburger Str. 9, 7800 Freiburg 0761/55 12 80
Karlsruhe	IBEK-Kreditvermittlung Zähringer Str. 41, 7500 Karlsruhe 1 0721/37 44 22/3
Stuttgart	Netzwerk Neckarstr. 178, 7000 Stuttgart 1 0711/26 42 50
Heidelberg	Netzwerk Nordbaden c/o Kulturfenster Alte Eppelheimerstr. 38, 6900 Heidelberg 06221/1 44 17

Bayern

Augsburg	Netzwerk Vorderer Lech 9, 8900 Augsburg 0821/51 15 01
Nürnberg	Netzwerk Franken Hochstr. 23, 8500 Nürnberg 70 0911/28 96 58
Landsberg	Netzwerk Salzgasse 127/II 8910 Landsberg 08191/4 71 78
München	Bankinitiative für Frieden und Ökologie Kobellstr. 10, 8000 München 2 089/53 51 31

Berlin

Berlin	Netzwerk im Mehringhof Gneisenaustr. 2 1000 Berlin 61 030/6 91 30 72

Bremen

Bremen	Netzwerk Fehrfeld 60, 2800 Bremen 1 0421/70 45 81

Hamburg

Hamburg	Netzwerk Gausstr. 17, 2000 Hamburg 50 040/39 51 51

Hessen

Frankfurt	Verband der selbstverwalteten Betriebe, Mainzer Landstr. 147, 6000 Frankfurt 11 069/49 20 33

Nordrheinwestfalen

Aachen	Netzwerk im Öko-Zentrum Charlottenstr. 6, 5100 Aachen 0241/54 18 63
Bonn	Netzwerk Wolfstr. 10, 5300 Bonn 1 0228/63 48 80
Dortmund	Netzwerk Ruhrgebiet-Ost Lange Str. 79 1/2, 4600 Dortmund 1 0231/14 84 33

Saarland

Saarbrücken	Netzwerk – Alte Feuerwache – Landwehrplatz, 6600 Saarbrücken 3 0681/3 90 55 38

Nach langwierigen Verhandlungen ist inzwischen eine Bürgschaftsbank für selbstverwaltete Betriebe (Haftungsassoziation e.G.) in Berlin entstanden, die auf Rückbürgschaften des Berliner Senats bauen kann. Die Kreditmodalitäten dieser vereinfacht „ÖKOBANK" genannten Bürgschaftsbank können über das Netzwerk Berlin, Gneisenaustr. 2, 1000 Berlin 61, Tel. 030/6 91 30 72 erfragt werden (oder auch über die Bundesgeschäftsstelle der Freunde und Förderer der Ökobank e.V., Niederurselerstr. 7, 6370 Oberursel.)

Es sei noch kurz dargestellt, wie die Kreditvergabe funktioniert: (nach der Darstellung der Arbeitsgemeinschaft FINANZWUNDER)

Die aufgeführten Direktkreditvermittlungen von FINANZWUNDER stellen das Finanzierungsvorhaben eines Betriebes aus ihrer Region den Sparern und Interessierten vor.

Dazu gehört:

1. Ein Finanzierungskonzept, das auf der Grundlage einer eingehenden wirtschaftlichen Beratung erstellt wird. Hierzu gehören Aussagen zu den Rückzahlungsmodalitäten, zur ökonomischen Situation, zu Zins- und Sicherheitsangeboten.
2. Ein vorbereiteter Darlehensvertrag ist mit dem Finanzierungskonzept abgestimmt und beigelegt.
3. Die Absicherung der Darlehen ist in jedem Fall vorhanden (Bürgschaften, Bürgschaftsgemeinschaften, Sicherungsübereignung, Grundbucheintrag) und unabdingbare Grundlage für eine Gesamtfinanzierung.

Einen recht beachtlichen Erfolg konnte FINANZWUNDER verbuchen:

Bis 1984/85 konnten mehr als 60 Betriebe mit einer Gesamtkreditsumme von mehr als 2,5 Millionen DM durch die Hilfe von etwa 500 Kreditgebern finanziert werden.

Adressen für den Weiter- und Fortbildungsbereich

1. *Aktion Bildungsinformation e.V., ABI, Alte Poststr. 5, 7000 Stuttgart 1, Telefon: 0711/22 59 59/22 36 82:*
   Seit 1968 betreibt die ABI e.V. eine Auskunftsstelle für Fernunterricht. Später kam der Bereich privater und halbstaatlicher Direktunterricht hinzu. Daher kann sich jeder auch mit Fragen über die berufsbezogene Weiterbildung an die ABI e.V. wenden. Die Auskunft ist kostenlos und wird nur mit einer Spendenbitte verbunden.
2. *Bundesinstitut für Berufsbildung (BIBB), Fehrbelliner Platz 3, 1000 Berlin 31, Telefon: 030/86 83-1:*
   Das BIBB gibt Auskünfte über den Fernunterricht, insbesondere im berufsbildenden Bereich.
   Schwerpunke der Aufgabenwahrnehmung des Bundesinstitutes für Berufsbildung ist weiterhin, zur Verbesserung der beruflichen Bildung durch Forschung beizutragen, an der Entwicklung der Ausbildungsordnungen und der Erstellung des Berufsbildungsberichts mitzuwirken, sowie die Bildungstechnologie und den berufsbildenden Fernunterricht durch Forschung zu fördern.
3. *Berufsfortbildungswerk Gemeinnützige Bildungseinrichtung des DGB GmbH. Hauptverwaltung,* Postfach 1631, 4000 Düsseldorf 1,
   Telefon: 02104/4 30 01-7
4. *Bildungswerke der Deutschen Angestellten-Gewerkschaft e.V., Deutsche Angestellten-Akademie e.V.; Hauptverwaltung,* Holstenwall 5, 2000 Hamburg 36,
   Telefon: 040/35 09 40
5. *Industrie- und Handelskammern:*
   Eine Liste mit den Anschriften der Industrie- und Handelskammern im Bundesgebiet sparen wir uns hier.
   Dachorganisation:
   Deutscher Industrie- und Handelstag (DIHT)
   Adenauerallee 148, Postfach 1146
   5300 Bonn 1, Telefon: 0228/10 40
6. *Handwerkskammern:*
   Eine Liste mit den Anschriften der Handwerkskammern im Bundesgebiet sparen wir uns hier ebenfalls.
   Dachorganisation:
   Deutscher Handwerkskammertag (DHKT)
   Johanniterstr. 1, Haus des Deutschen Handwerks
   Postfach 12 02 70, 5300 Bonn 1, Telefon: 0228/5 45-1

Dokumentation

Die „Aktion Bildungsinformation“ e.V. weist auf die Möglichkeit der steuerlichen Absetzbarkeit von Weiterbildungskosten hin:

„*Steuerliche Absetzbarkeit von Aufwendungen für Fortbildungskurse:*
Einkommensteuerrechtlich unterscheidet man

- Fortbildungskosten und Ausbildungskosten.

Aufwendungen für Fortbildungsmaßnahmen, die im Zusammenhang mit der ausgeübten Berufstätigkeit stehen, sind entweder als

- Werbungskosten oder als Betriebsausgaben,

je nach dem, ob es sich um eine

- nichtselbständige oder selbständige Berufstätigkeit

handelt, in *unbeschränkter* Höhe im Rahmen des Lohnsteuer-Jahresausgleichs oder der Einkommensteuerveranlagung abziehbar.

Absetzbar sind u.a. folgende Aufwendungen im Rahmen der o.g. Höchstbeträge:

- Kursbeitrag, Studiengebühr
- Lehrmaterial, Kassetten, Übungsmaterialien usw.
- Fachzeitschriften, Fachbücher, etc.
- Prüfungsgebühren
- Fahrtkosten (bei öffentlichen Verkehrsmitteln in Höhe der tatsächlich gezahlten Beträge, bei Benutzung eines eigenen Kraftfahrzeugs in tatsächlicher Höhe oder in Höhe der für Dienstreisen geltenden Kilometerpauschalen)
- Übernachtungskosten sowie Mehraufwendungen für Verpflegung in tatsächlicher oder pauschal in der für Dienstreisen bestimmten Höhe
- Finanzierungskosten im Zusammenhang mit der Durchführung der Maßnahme.

Aufwendungen für die Berufsausbildung ebenso wie für die Weiterbildung in einem nichtausgeübten Beruf dagegen sind Sonderausgaben im Sinne des § 10 EStG, die nur in Höhe bestimmter Beträge abziehbar sind.

Zum Beispiel handelt es sich um Fortbildungskosten in einem ausgeübten Beruf bei Teilnahme an einem Lehrgang über Buchführung für kaufmännische Angestellte.

Auch Kosten für die Weiterbildung in einem nicht ausgeübten Beruf können als Sonderausgaben steuerlich berücksichtigt werden, beispielsweise Aufwendungen einer Sekretärin für die Teilnahme an einem Lehrgang über Psychologie.

Wichtig: Der Abzug von Aus- bzw. Weiterbildungskosten als Sonderausgaben ist *beschränkt* auf *DM 900,–* je Jahr, bei ausbildungsbedingter auswärtiger Unterbringung auf *DM 1.200,– pro Jahr.*

Die Aufwendungen sind zu kürzen um die erhaltenen steuerfreien Zuschüsse, z.B. um Leistungen für Fortbildungsmaßnahmen nach § 45 AFG. Gelten die steuerfreien Bezüge dagegen ausschließlich oder teilweise Aufwendungen für den Lebensunterhalt – ausgenommen solche für auswärtige Unterbringung – ab, z.B. Berufsausbildungsbeihilfe nach § 40 AFG, Unterhaltsgeld nach § 44 AFG, Leistungen nach den §§ 12 und 13 BAFÖG, so sind die geltend gemachten Aufwendungen zu kürzen.

Nähere Auskünfte erteilen die Finanzämter sowie die Angehörigen der steuerberatenden Berufe."

ABI weist auch auf folgende wichtige Voraussetzungen hin:

Förderung nach dem Bundesausbildungsförderungsgesetz (BAFÖG):
Da nach dem Bundesausbildungsförderungsgesetz grundsätzlich nur die Erstausbildung gefördert wird, kommt eine Förderung auf berufsbezogene Weiterbildungsmaßnahmen nicht in Betracht.
Förderung nach dem Arbeitsförderungsgesetz (AFG):
Zwar fördert das Arbeitsamt im Rahmen des Arbeitsförderungsgesetzes die Teilnahme an Bildungsmaßnahmen, die der beruflichen Fortbildung oder der beruflichen Umschulung dienen, *Kurzzeit-Seminare* sind davon jedoch nicht betroffen.

Gefördert wird die Teilnahme an Maßnahmen im ganztägigen Unterricht (Vollzeit), im berufsbegleitenden Unterricht (Teilzeit) oder im Fernunterricht, sofern er mit ergänzendem Nahunterricht verbunden ist.

Die finanziellen Hilfen – für Maßnahmen wie im Absatz 2 beschrieben – sind von Fall zu Fall verschieden. Gewährt werden sie als Zuschuß – ganz oder teilweise – zum Bestreiten von Aufwendungen wie z.B. Lehrgangsgebühren, Lernmittel, Fahrtkosten zwischen der Wohnung und Bildungsstätte, Arbeitskleidung, Unterkunft und Mehrkosten der Verpflegung bei notwendiger auswärtiger Unterbringung, Kranken- und Unfallversicherung, Kinderbetreuungskosten.

Nähere Auskünfte erteilen die Arbeitsämter und die Bundesanstalt für Arbeit, Nürnberg.

Oftmals gibt auch die Lektüre einschlägiger Paragraphen des Arbeitsförderungsgesetzes schon hinreichend Auskunft. Die wichtigsten, auf Förderung der Arbeitsaufnahme, Ausbildungsbeihilfen, Fortbildungs- und Umschulungsmaßnahmen bezogenen Bestimmungen in der letzten gültigen Fassung werden daher im folgenden wiedergegeben:

Einschlägige Bestimmungen des Arbeitsförderungsgesetzes (AFG) in der gültigen Fassung (Stand: Frühjahr 1986)

X. Arbeitsförderung

§ 34 [Die verschiedenen beruflichen Bildungsmaßnahmen].

(1) Die Förderung der Teilnahme an beruflichen Bildungsmaßnahmen nach diesem Unterabschnitt erstreckt sich auf Maßnahmen mit ganztägigem Unterricht (Vollzeitunterricht), berufsbegleitendem Unterricht (Teilzeitunterricht) und Fernunterricht, die im Geltungsbereich dieses Gesetzes durchgeführt werden. Die Förderung der Teilnahme setzt voraus, daß die Maßnahme

1. nach Dauer, Gestaltung des Lehrplans, Unterrichtsmethode, Ausbildung und Berufserfahrung des Leiters und der Lehrkräfte eine erfolgreiche berufliche Bildung erwarten läßt,
2. angemessene Teilnahmebedingungen bietet,
3. nach den Grundsätzen der Wirtschaftlichkeit und Sparsamkeit geplant ist und durchgeführt wird, insbesondere die Kostensätze angemessen sind.

(2) Zeiten eines Vor- oder Zwischenpraktikums, deren Dauer und Inhalt in Ausbildungs- oder Prüfungsbestimmungen festgelegt sind, sind Bestandteil der beruflichen Bildungsmaßnahme. Zeiten einer der beruflichen Bildungsmaßnahme folgenden Beschäftigung, die der Erlangung der staatlichen Anerkennung oder der staatlichen Erlaubnis zur Ausübung des Berufes dienen, sind nicht Bestandteil der Maßnahme.

(3) Die Zeit zwischen dem Ende des Unterrichts und dem Ende der Prüfung ist Bestandteil der beruflichen Bildungsmaßnahme, wenn die Prüfung innerhalb von drei Wochen nach dem Ende des Unterrichts abgeschlossen wird.

(4) Maßnahmen an einer Fachhochschule, Hochschule oder ähnlichen Bildungsstätte sind keine beruflichen Bildungsmaßnahmen im Sinne dieses Unterabschnittes.

§ 35 *(gestrichen)*

§ 36 [Voraussetzung der individuellen Förderung]. Leistungen zur individuellen Förderung der beruflichen Bildung dürfen nur gewährt werden, wenn

1. der Antragsteller beabsichtigt, eine die Beitragspflicht begründende Beschäftigung im Geltungsbereich des Gesetzes aufzunehmen oder fortzusetzen,

2. der Antragsteller für die angestrebte berufliche Tätigkeit geeignet ist und voraussichtlich mit Erfolg an der Maßnahme teilnehmen wird und
3. die Teilnahme an der Maßnahme im Hinblick auf die Ziele des § 2 und unter Berücksichtigung von Lage und Entwicklung des Arbeitsmarktes zweckmäßig ist. Die Teilnahme an einer Maßnahme der beruflichen Fortbildung oder Umschulung soll nicht gefördert werden, wenn der Antragsteller voraussichtlich auf dem für ihn in Betracht kommenden Arbeitsmarkt innerhalb angemessener Zeit nach Abschluß der Maßnahme in der angestrebten beruflichen Tätigkeit keine Beschäftigung finden kann. Eine berufliche Umschulung aus einem Beruf, in dem ein Mangel an Arbeitskräften besteht, ist nur zu fördern, wenn schwerwiegende persönliche Gründe eine berufliche Umschulung erfordern.

§ 37 [Negative Voraussetzungen der Förderung]. (1) Leistungen zur individuellen Förderung der beruflichen Bildung (§§ 40 bis 49) dürfen nur gewährt werden, soweit nicht andere öffentlich-rechtliche Stellen zur Gewährung solcher Leistungen gesetzlich verpflichtet sind. Der Nachrang der Sozialhilfe nach § 2 Abs. 2 des Bundessozialhilfegesetzes wird nicht berührt.

(2) Soweit die Leistungen zur individuellen Förderung der beruflichen Bildung nach Absatz 1 Satz 1 der Sicherung des Lebensunterhalts dienen, gehen sie der Ausbildungsbeihilfe nach § 44 des Strafvollzugsgesetzes vor. Die Leistungen werden Gefangenen höchstens bis zur Höhe der Ausbildungsbeihilfe nach § 44 des Strafvollzugsgesetzes, vermindert um einen Betrag in Höhe des Haftkostenbeitrages nach § 50 Abs. 1 des Strafvollzugsgesetzes, gewährt.

§ 38 [Leistungen der Bundesanstalt bei Leistungsverzug anderer Stellen]. (1) Solange und soweit eine öffentlich-rechtliche Stelle die ihr gesetzlich obliegenden Leistungen (§ 37) nicht gewährt, hat die Bundesanstalt Leistungen nach den §§ 49 bis 49 so zu gewähren, als wenn die Verpflichtung dieser Stelle nicht bestünde.

(2) *(gestrichen)*

§ 39 [Lenkung der Förderung durch die Bundesanstalt]. Die Bundesanstalt bestimmt durch Anordnung das Nähere über Voraussetzungen, Art und Umfang der Förderung der beruflichen Bildung nach diesem Unterabschnitt. Dabei sind zu berücksichtigen
1. bei der individuellen Förderung die persönlichen Verhältnisse der Antragsteller und das von ihnen mit der beruflichen Bildung angestrebte Ziel, der Zweck der Förderung, die Lage und Entwicklung des

Arbeitsmarktes sowie die Grundsätze der Wirtschaftlichkeit und Sparsamkeit bei den Maßnahmen,

2. bei der institutionellen Förderung die Art der Maßnahmen, die in den Einrichtungen durchgeführt werden sollen, und das von den Teilnehmern an diesen Maßnahmen im allgemeinen angestrebte Ziel der beruflichen Bildung.

II. Individuelle Förderung der beruflichen Bildung

A. Berufliche Ausbildung

§ 40 [Zuschüsse der Bundesanstalt]. (1) Die Bundesanstalt gewährt Auszubildenden Berufsausbildungsbeihilfen für eine berufliche Ausbildung in Betrieben oder überbetrieblichen Ausbildungsstätten sowie für die Teilnahme an Grundausbildungs- und Förderungslehrgängen und anderen nicht den Schulgesetzen der Länder unterliegenden berufsvorbereitenden Maßnahmen, soweit ihnen, nach Maßgabe dieses Gesetzes und der Anordnung der Bundesanstalt die hierfür erforderlichen Mittel anderweitig nicht zur Verfügung stehen. Bei einer Ausbildung im elterlichen Betrieb ist als Ausbildungsvergütung mindestens von einem Betrag in Höhe von fünfundsiebzig vom Hundert der tariflichen oder, soweit eine tarifliche Regelung nicht besteht, der ortsüblichen Bruttoausbildungsvergütung auszugehen, die in dem Ausbildungsberuf bei einer Ausbildung in einem fremden Betrieb gewährt wird. Für die Teilnehmer an berufsvorbereitenden Maßnahmen kann die Bundesanstalt die Lehrgangsgebühren ohne Anrechnung von Einkommen übernehmen. Die Berufsausbildungsbeihilfen werden als Zuschüsse oder Darlehen gewährt.

(1a) Berufsausbildungsbeihilfe wird für den Lebensunterhalt und für die Ausbildung oder die Teilnahme an einer berufsvorbereitenden Maßnahme gewährt (Bedarf). Der Bedarf wird, soweit er nicht in Absatz 1b festgelegt ist, von der Bundesanstalt durch Anordnung bestimmt. Bei einer beruflichen Ausbildung in Betrieben oder überbetrieblichen Ausbildungsstätten sind Kosten für Lernmittel nicht zu berücksichtigen.

(1b) Als monatlicher Bedarf der Teilnehmer an berufsvorbereitenden Maßnahmen gilt, wenn der Teilnehmer unverheiratet ist und das 21. Lebensjahr noch nicht vollendet hat,

1. bei einer Unterbringung im Haushalt der Eltern der jeweils geltende Bedarf für Schüler nach § 12 Abs. 2 Nr. 1 des Bundesausbildungsförderungsgesetzes vermindert um 215 Deutsche Mark,
2. bei einer Unterbringung außerhalb des Haushalts der Eltern, ausgenommen eine Unterbringung im Wohnheim oder Internat oder beim

Ausbildenden, der jeweils geltende Bedarf für Schüler nach § 12 Abs. 2 Nr. 1 des Bundesausbildungsförderungsgesetzes zuzüglich des Betrages zu den Kosten der Unterkunft auf Grund von § 14a Satz 1 Nr. 2 des Bundesausbildungsförderungsgesetzes.

Dem Bedarf nach den Nummern 1 und 2 sind notwendige Fahrkosten, die Kosten für Lernmittel sowie Lehrgangsgebühren hinzuzurechnen; die Bundesanstalt kann hierfür Pauschbeträge bestimmen. Für Teilnehmer, deren Schutz im Krankheitsfalle nicht anderweitig sichergestellt ist, kann die Bundesanstalt durch Anordnung bestimmen, daß die hierfür angemessenen Kosten dem Bedarf hinzuzurechnen sind. Der Bedarf nach Nummer 1 gilt auch, wenn ein Teilnehmer im Sinne der Nummer 2, der das 18. Lebensjahr noch nicht vollendet hat, zwar nicht im Haushalt der Eltern untergebracht ist, er die Ausbildungsstätte jedoch von der Wohnung der Eltern aus in angemessener Zeit erreichen könnte.

(2) Leistungen nach den Absätzen 1 bis 1b werden gewährt

1. Deutschen im Sinne des Artikels 116 des Grundgesetzes,
2. Ausländern im Sinne des Gesetzes über die Rechtsstellung heimatloser Ausländer im Bundesgebiet in der im Bundesgesetzblatt Teil III, Gliederungsnummer 243-1, veröffentlichten bereinigten Fassung, zuletzt geändert durch Artikel 4 Nr. 1 des Gesetzes vom 13. Juni 1980 (BGBl. I S. 677), sowie Ausländern, die ihren gewöhnlichen Aufenthalt im Geltungsbereich dieses Gesetzes haben und als Asylberechtigte nach dem Asylverfahrensgesetz vom 16. Juli 1982 (BGBl. I S. 946) anerkannt oder Flüchtlinge nach § 1 des Gesetzes über Maßnahmen für im Rahmen humanitärer Hilfsaktionen aufgenommene Flüchtlinge vom 22. Juli 1980 (BGBl I S. 1057) sind,
3. Ausländern, die ihren ständigen Wohnsitz im Geltungsbereich dieses Gesetzes haben, wenn ein Elternteil Deutscher im Sinne des Artikels 116 des Grundgesetzes ist,
4. Ausländern, für die Verordnungen der Europäischen Gemeinschaften das vorsehen,
5. anderen Ausländern, wenn
   a) sie selbst vor Beginn der förderungsfähigen Ausbildung insgesamt fünf Jahre sich im Geltungsbereich dieses Gesetzes aufgehalten haben und rechtmäßig erwerbstätig gewesen sind oder
   b) zumindest ein Elternteil während der letzten drei Jahre vor Beginn der förderungsfähigen Ausbildung sich im Geltungsbereich dieses Gesetzes aufgehalten hat und rechtmäßig erwerbstätig gewesen ist, im übrigen von dem Zeitpunkt an, in dem im weiteren Verlauf der Ausbildung diese Voraussetzungen vorgelegen haben; von dem Erfordernis der rechtmäßigen Erwerbstätigkeit eines Elternteils

kann insoweit abgesehen werden, als die Erwerbstätigkeit aus einem von dem erwerbstätigen Elternteil nicht zu vertretenden Grund nicht ausgeübt wird oder eine Erlaubnis zur Ausübung der Erwerbstätigkeit für einen Zeitraum von bis zu drei Monaten wegen Fristversäumung vorübergehend nicht vorgelegen hat.

(3) Solange und soweit der Antragsteller Unterhaltsleistungen, auf die er einen Anspruch hat, nicht erhält, kann die Bundesanstalt ihn nach den Absätzen 1 bis 1b fördern, ohne die Unterhaltsleistungen zu berücksichtigen. § 140 Abs. 1 Satz 2 bis 4 gilt entsprechend.

§ 40a [Berufsausbildungsbeihilfe für Arbeitslose]. (1) Die Bundesanstalt gewährt einem Antragsteller, der

1. mindestens ein Jahr lang eine die Beitragspflicht begründende Beschäftigung ausgeübt hat und drei Jahre beruflich tätig gewesen ist. Die Dauer der beruflichen Tätigkeit verkürzt sich um ein Jahr, wenn die Voraussetzungen des Absatzes 1 Satz 2 erfüllt sind. Eine berufliche Tätigkeit ist nicht erforderlich,
   1. wenn der Antragsteller als Teilnehmer an einer Fortbildungs- oder Umschulungsmaßnahme mit Vollzeitunterricht bis zu drei Monaten oder mit Teilzeitunterricht bis zu zwölf Monaten gefördert worden ist oder wenn er an einer solchen Maßnahme teilnimmt,
   2. wenn die Teilnahme an einer Maßnahme notwendig im Sinne des § 44 Abs. 2 Satz 2 Nr. 1 bis 3 ist.

(3) Auf die nach den Absätzen 1 und 2 erforderliche Dauer der beruflichen Tätigkeit werden Zeiten, in denen der Antragsteller beim Arbeitsamt arbeitslos gemeldet oder als Gefangener (§ 168 Abs. 3a), aus Gründen, die nicht in seiner Person lagen, beschäftigungslos war, angerechnet. Die Dauer der nach Absatz 1 erforderlichen beruflichen Tätigkeit verkürzt sich jedoch höchstens auf die Hälfte.

(4) Der Bundesminister für Arbeit und Sozialordnung kann bei ungünstiger Beschäftigungslage durch Rechtsverordnung jeweils für ein Jahr bestimmen, daß auch Antragsteller, die die Voraussetzungen nach den Absätzen 1 und 2 nicht erfüllen, gefördert werden können.

§ 43 [Ziel der Förderung]. (1) Gefördert wird die Teilnahme an Fortbildungsmaßnahmen, die gerichtet sind insbesondere auf

1. einen beruflichen Aufstieg,
2. die Anpassung der Kenntnisse und Fähigkeiten an die beruflichen Anforderungen,
3. den Eintritt oder Wiedereintritt weiblicher Arbeitsuchender in das Berufsleben,

4. eine bisher fehlende berufliche Abschlußprüfung,
5. die Heranbildung und Fortbildung von Ausbildungskräften,
6. die Wiedereingliederung älterer Arbeitsuchender in das Berufsleben.

(2) Liegt die Teilnahme eines Antragstellers an einer Maßnahme überwiegend im Interesse des Betriebes, dem er angehört, so wird die Teilnahme nicht gefördert; dies gilt insbesondere, wenn der Antragsteller an einer Maßnahme teilnimmt, die unmittelbar oder mittelbar von dem Betrieb getragen wird oder im überwiegenden Interesse des Betriebes liegt. Die Teilnahme wird jedoch gefördert, wenn dafür ein besonderes arbeitsmarktpolitisches Interesse besteht.

§ 44 [Unterhaltsgeld]. (1) Teilnehmern an Maßnahmen zur beruflichen Fortbildung mit ganztägigem Unterricht wird ein Unterhaltsgeld gewährt.

(2) Das Unterhaltsgeld beträgt
1. für einen Teilnehmer, der mindestens ein Kind hat, das die Voraussetzungen des § 32 Abs. 4, 6 und 7 des Einkommensteuergesetzes erfüllt, oder dessen Ehegatte, mit dem er in häuslicher Gemeinschaft lebt, eine Erwerbstätigkeit nicht ausüben kann, weil er der Pflege bedarf, 70 vom Hundert,
2. für die übrigen Teilnehmer 63 vom Hundert

des um die gesetzlichen Abzüge, die bei Arbeitnehmern gewöhnlich anfallen, verminderten Arbeitsentgelts im Sinne des § 112. Voraussetzung für das Unterhaltsgeld nach Satz 1 ist, daß die Teilnahme an der Bildungsmaßnahme notwendig ist, damit ein Antragsteller, der
1. arbeitslos ist, beruflich eingegliedert wird,
2. von Arbeitslosigkeit unmittelbar bedroht ist, nicht arbeitslos wird,
3. keinen beruflichen Abschluß hat, eine berufliche Qualifikation erwerben kann,
4. einen Beruf ergreifen will, in dem ein Mangel an Arbeitskräften auf dem für ihn in Betracht kommenden Arbeitsmarkt besteht oder in absehbarer Zeit zu erwarten ist, diesen ausüben kann; dies gilt nicht, wenn der Antragsteller einen Beruf ausübt, in dem ein Mangel an Arbeitskräften auf dem für ihn in Betracht kommenden Arbeitsmarkt besteht.

Von Arbeitslosigkeit unmittelbar bedroht ist ein Arbeitnehmer insbesondere dann, wenn eine Kündigung bereits ausgesprochen oder die Eröffnung des Konkursverfahrens über das Vermögen des Arbeitgebers beantragt ist.

(2a) Sind die Voraussetzungen des Absatzes 2 nicht erfüllt und kann von dem Antragsteller die Teilnahme an einer gleichwertigen Bildungsmaßnahme mit berufsbegleitendem Unterricht nicht erwartet werden, kann die Bundesanstalt ein Unterhaltsgeld in Höhe von 58 vom Hundert des um die gesetzlichen Abzüge, die bei Arbeitnehmern gewöhnlich anfallen, verminderten Arbeitsentgelts im Sinne des § 112 als Darlehen gewähren.

(2b) Der Bundesminister für Arbeit und Sozialordnung bestimmt die Leistungssätze nach den Absätzen 2 und 2a jeweils für ein Kalenderjahr durch Rechtsverordnung[1]. § 111 Abs. 2 Satz 2 bis 6 gilt entsprechend.

(3) Das Unterhaltsgeld bemißt sich wie in einem Falle des § 112 Abs. 27, wenn

1. der letzte Tag des Bemessungszeitraumes bei Beginn der Maßnahme länger als drei Jahre zurückliegt oder
2. der Teilnehmer kein Arbeitsentgelt nach Absatz 2 oder Absatz 2a erzielt hat oder
3. es unbillig hart wäre, von dem Arbeitsentgelt nach Absatz 2 oder Absatz 2a auszugeben.

Dabei ist von dem Arbeitsentgeld derjenigen Beschäftigung auszugehen, für die der Teilnehmer zu Beginn der Maßnahme in Betracht kommt. Ist das Unterhaltsgeld in entsprechender Anwendung des § 112 Abs. 5 Nr. 2 zu bemessen, so ist allein dies nicht unbillig hart.

(4) Einkommen, das der Bezieher von Unterhaltsgeld aus einer neben der Teilnahme an der Maßnahme ausgeübten unselbständigen oder selbständigen Tätigkeit erzielt, wird auf das Unterhaltsgeld angerechnet, soweit es nach Abzug der Steuern, der Sozialversicherungsbeiträge, der Beiträge zur Bundesanstalt und der Werbungskosten fünfzehn Deutsche Mark wöchentlich übersteigt.

(5) Leistungen, die der Bezieher von Unterhaltsgeld

1. von seinem Arbeitgeber wegen der Teilnahme an einer Maßnahme oder
2. auf Grund eines früheren oder bestehenden Arbeitsverhältnisses ohne Ausübung einer Beschäftigung

für die Zeit der Teilnahme erhält oder zu beanspruchen hat, werden auf das Unterhaltsgeld angerechnet, soweit sie nach Abzug der Steuern, der Sozialversicherungsbeiträge und der Beiträge zur Bundesanstalt zusammen mit dem Unterhaltsgeld das für den Leistungssatz maßgebende Arbeitsentgelt nach § 111 übersteigen. § 117 Abs. 1a bis 4 gilt entsprechend.

(6) Bricht ein Bezieher von Unterhaltsgeld nach Absatz 2 die Teilnahme an der Maßnahme vor deren Beendigung ohne wichtigen Grund ab, so kann die Bundesanstalt von ihm das gewährte Unterhaltsgeld insoweit zurückfordern, als ihm für die gleiche Zeit weder Arbeitslosengeld noch Arbeitslosenhilfe zugestanden hätte. Dies gilt nicht, wenn er nach

Beratung durch die Bundesanstalt eine Tätigkeit aufnimmt, die zu einer dauerhaften beruflichen Eingliederung führt.

(7) Die Vorschriften des Vierten Abschnittes über das Arbeitslosengeld gelten entsprechend, soweit die Besonderheiten des Unterhaltsgeldes nicht entgegenstehen.

(8) *(gestrichen)*

§ 45 [Bundesanstalt als Kostenträger]. Die Bundesanstalt trägt ganz oder teilweise die notwendigen Kosten, die durch die Fortbildungsmaßnahme unmittelbar entstehen, insbesondere Lehrgangskosten, Kosten für Lernmittel, Fahrkosten, Kosten der Arbeitskleidung, der Kranken- und Unfallversicherung sowie Kosten der Unterkunft und Mehrkosten der Verpflegung, wenn die Teilnahme an einer Maßnahme notwendig ist, die auswärtige Unterbringung erfordert. Die Bundesanstalt kann die Kosten für die Betreuung der Kinder des Teilnehmers ganz oder teilweise bis zu 60 Deutsche Mark monatlich tragen, wenn sie durch die Teilnahme an einer Maßnahme unvermeidbar entstehen und die Belastung durch diese Kosten für den Teilnehmer eine unbillige Härte darstellen würde. Von der Erstattung geringfügiger Kosten ist abzusehen.

§ 46 [Förderungsvoraussetzungen). (1) Die Leistungen nach § 44 Abs. 2 und 2a sowie nach § 45 werden Antragstellern gewährt, die innerhalb der letzten drei Jahre vor Beginn der Maßnahme mindestens zwei Jahre lang eine die Beitragspflicht begründende Beschäftigung ausgeübt oder Arbeitslosengeld auf Grund eines Anspruchs von einer Dauer von mindestens 156 Tagen oder im Anschluß daran Arbeitslosenhilfe bezogen haben. Die Frist von drei Jahren verlängert sich

1. um höchstens fünf Jahre für jedes Kind im Sinne von § 32 Abs. 4 des Einkommensteuergesetzes, soweit wegen der Betreuung und Erziehung keine Erwerbstätigkeit ausgeübt wurde,
2. um die Dauer einer Beschäftigung als Arbeitnehmer (§ 168 Abs. 1 Satz 1) im Ausland, die für die weitere Ausübung des Berufes oder für den beruflichen Aufstieg nützlich und üblich ist, jedoch höchstens um zwei Jahre.

wenn die Zeiten nach Nummer 1 oder 2 in die Frist nach Satz 1 oder in die jeweils verlängerte Frist hineinreichen.
§ 104 Abs. 1 Satz 2 Nr. 1 und Satz 3 sowie § 107 gelten entsprechend.

(2) Antragstellern, die nicht die Voraussetzungen nach Absatz 1, jedoch die Voraussetzungen nach § 44 Abs. 2 Satz 2 erfüllen und sich verpflichten, im Anschluß an die Maßnahme mindestens drei Jahre lang eine die Beitragspflicht begründende Beschäftigung auszuüben, werden

die Leistungen nach § 45 gewährt. Die Leistungen sind zurückzuzahlen, wenn der Antragsteller innerhalb von vier Jahren nach Abschluß der Maßnahme ohne wichtigen Grund nicht mindestens drei Jahre lang eine die Beitragspflicht begründende Beschäftigung ausgeübt hat.

C. Berufliche Umschulung

§ 47 [Ziel, Voraussetzung, Durchführung]. (1) Die Bundesanstalt fördert die Teilnahme von Arbeitsuchenden an Maßnahmen, die das Ziel haben, den Übergang in eine andere geeignete berufliche Tätigkeit zu ermöglichen, insbesondere um die berufliche Beweglichkeit zu sichern oder zu verbessern (berufliche Umschulung). § 41 Abs. 4, §§ 42 und 43 Abs. 2 sowie die §§ 44 bis 46 gelten entsprechend.

(2) *(gestrichen)*

(3) Kann Arbeitslosigkeit beschäftigter Arbeitsuchender durch Umschulung vermieden werden, so ist diese so früh wie möglich durchzuführen. Die Teilnahme an einer Umschulungsmaßnahme soll in der Regel nur gefördert werden, wenn diese nicht länger als zwei Jahre dauert.

§ 48 *(aufgehoben)*

§ 49 [Einarbeitungszuschuß]. (1) die Bundesanstalt kann Arbeitgebern Zuschüsse für Arbeitnehmer gewähren, die eine volle Leistung am Arbeitsplatz erst nach einer Einarbeitungszeit erreichen können, und die vor Beginn der Einrbeitung

1. arbeitslos sind oder
2. von Arbeitslosigkeit unmittelbar bedroht sind; §§ 44 Abs. 2 Satz 3 gilt entsprechend.

Zuschüsse sind nicht zu gewähren,

a) wenn die Einarbeitung beim bisherigen Arbeitgeber erfolgt; § 128 Abs. 4 Satz 1 gilt entsprechend,
b) soweit der Arbeitgeber gleichartige Leistungen erbringt oder voraussichtlich erbringen wird.

(2) Der Einarbeitungszuschuß darf für die gesamte Einarbeitungszeit siebzig vom Hundert des tariflichen oder, soweit eine tarifliche Regelung nicht besteht, des für den Beruf des Arbeitnehmers ortsüblichen Arbeitsentgelts nicht übersteigen und nicht länger als für ein Jahr gewährt werden.

(3) Die Leistungen nach Absatz 1 werden auf Antrag gewährt. Dem Arbeitgeber ist ein schriftlicher Bescheid darüber zu erteilen, ob und für welchen Zeitraum sowie in welcher Höhe Leistungen gewährt werden. Der Bescheid kann Auflagen und Bedingungen enthalten.

Literatur zum Weiterlesen und -suchen

Adreßbuch alternativer Projekte. Das Handbuch zur Information und Kontaktaufnahme in der alternativen Szene; mit über 2.000 kommentierten Adressen, Selbstdarstellungen, Beschreibungen, mit Auslandsteil. Mandala-Verlag Meyer, Klingelbach/Lotz-Verlag, Werdorf

Arbeitslosigkeit in der Arbeitsgesellschaft; herausgegeben von Wolfgang Bonß und Rolf G. Heinze. Frankfurt/M. 1984

Harald Bischoff: Soziale Berufe. Ein Wegweiser für Schulabgänger, Berufstätige und Umsteiger; mit Ausbildungsstättenverzeichnis. München 1983

Gisela Graichen/Erika Dreyer-Eimbcke:
Machbar ist 'ne ganze Menge – Arbeitslose finden neue Wege. Düsseldorf und Wien 1984

Das große Lexikon der Berufe. 666 Berufsbeschreibungen; verfaßt von Mitarbeitern der Bundesanstalt für Arbeit. Braunschweig 1984

Ulfert Hübler: Als Pädagoge arbeitslos – was tun? München 1984

Die Industriegesellschaft entläßt ihre Kinder: herausgegeben von Oliver Tolmein. Frankfurt/M., 1985, hierin:
Ulrich Mückenberger. Die Krise des Normalarbeitsverhältnisses.

Jede Menge Mut – Vom Durchstarten und Bruchlanden in arbeitslosen Zeiten mit Tips zum „Überleben"; herausgegeben von Volker Präkelt und Kurt Weichler. Hamburg 1984

Heinz Knebel: Wie bewerbe ich mich richtig? München 1984

Wolfgang Manekeller: Die Bewerbung. Niedernhausen/Ts. 1983

Martin Massow: Selbsthilfe für Arbeitslose – Ideen, Vorschläge, Informationen, Kontaktadressen. München 1984 (neue Auflage 1986 unter dem Titel: Es gibt mehr Jobs als Du denkst)

Modell Berlin: 10.000 neue Arbeitsplätze im Selbsthilfe- und Alternativbereich; von Peter Grottian und Marlene Kück, in: Ulf Fink: Keine Angst vor Alternativen – Ein Minister wagt sich in die Szene. Freiburg i.Br. 1983

Rolf G. Münsterberg: Bewerbung leicht gemacht. Leitfaden für eine erfolgreiche Stellensuche. Bergisch-Gladbach 1983

Null-Bock auf Bildung. Werkstatt Weiterbildung 3; herausgegeben von Gerwin Dahm, Rolf Gerhard, Gernot Graeßner, Volker Preuß. München 1983

Joerg E. Staufenbiel: Berufsplanung für den Management-Nachwuchs, Start 1985/86. Köln 1985

Der Schatz im Silbersee – für alternative Unternehmensberater. Möglichkeiten zur Finanzierung für gewerbliche und nichtgewerbliche Projekte. Stattbuchverlag, Gneisenaustr. 2a, 1000 Berlin 61

Erwin Stelzner: Professionell bewerben. Handbuch für Berufsanfänger und Stellenwechsler. Münster 1983

Das Umsteigerbuch – für arbeitslose Hochschulabgänger; herausgegeben von Wolfgang Henniger und Horst Linder. 3. erweiterte Auflage, Königstein/Ts. 1985

„Unter Geiern“ – Probleme der alternativen Betriebsgründung. Ein Leitfaden für die Arbeit in selbstverwalteten Betrieben und Projekten. Stattbuchverlag, Gneisenaustr. 2a, 1000 Berlin 61

Was werden? Neue Folge – Den richtigen Beruf finden – eine der wichtigsten Lebensentscheidungen; herausgegeben von Axel Schnorbus. Frankfurt/M. 1979 (enthält Tätigkeitsbeschreibungen von 78 Berufen, von A „Abgeordneter“ bis W „Wirtschaftsingenieur“)

Über die Autoren

Rainer Hahn, M.A., Jahrgang 1943; Studium der Sozialwissenschaften und Politik an den Universitäten Bochum und Heidelberg; Tätigkeit in der Erwachsenenbildung, Sozial- und Marktforschung. Ausbildung zum wissenschaftlichen Dokumentar, Tätigkeit im Fachdokumentationswesen und als Informationsvermittler.

Peter Köster, Dr. phil., M.A., Jahrgang 1944; Studium der Sozialwissenschaften und Psychologie; war mehrere Jahre in der Bildungsplanung tätig; arbeitete als Redakteur bei berufskundlichen Zeitschriften und lebt heute als freier Journalist in Heidelberg.

Karl-Ludwig Kreuzer, Dr. phil., Jahrgang 1943; Ausbildung zum Industriekaufmann, zweiter Bildungsweg; Studium der Politik, Journalistik und Sinologie an der Freien Universität Berlin; 1972–1975 wissenschaftlicher Assistent am Institut für Pädagogik der Universität Erlangen; 1978–1985 Berufsberater, später Arbeitsberater bei der Fachvermittlung der Bundesanstalt für Arbeit in Nürnberg; seit 1985 Dozent und Professor an der Georg-Simon- Ohm-Fachhochschule, Fachbereich Sozialwesen in Nürnberg.

Lore Schultz-Wild, Dr. phil. Jahrgang 1940; freie Journalistin und Sachbuchautorin; Veröffentlichungen zu Problemen der Berufswahl; lebt in München.